子どもと楽しむゲーム④

楽しい手品あそび62

三宅邦夫・大竹和美・山崎治美著

黎明書房

はじめに

手品のおもしろさと楽しさは、観る人と演技者との「おやっ?」「不思議だな」「だまされたかな」「うまくのっているぞ」「成功、成功」……といったお互いの一体感の中にこそ、あります。

子どもにとって、手品は魔法や忍術であり、勉強になったりで、人気が集中します。大人でさえだまされないぞと思っても、手先の動きと、その手さばきにうっとりし、いつの間にか錯覚の世界に引きずり込まれて興奮させられてしまいます。

ともかく、イライラして神経をすり減らすような文明社会の中では、不思議の国のおもしろさと楽しさを堪能させてくれる手品は、大変貴重なものです。

本書は、手品遊びを教育の中でもとりあげられるように編集に努力しました。

幼稚園や保育園の先生が、保育の中でちょっと活かしたり、行事の中で活用したり、小学校や中学校でも、先生の人気の秘密を、手品でつくってみることも楽しいものです。

手品は、芸術であり、教育を楽しくする頭の体操であり、ユーモアを誘い出す宝物です。

この本を教育的に高めるために、奇術研究家として世界的権威者である高木重朗・久美子ご夫妻と小野坂東氏の特別なご助力をいただきました。

なお、本書は、好評のうちに版を重ねた「遊びのアイディア」の第6巻『先生も子どももできる楽しい手品遊び62』を、読者のご要望に応え、判を小さくしてハンディなタイプにしたものです。そして、この機会に書名を改めさせていただきました。末永いご愛読を、お願いいたします。

著　者

もくじ

10 しっかり見てね —— 23
11 知恵の輪 —— 25
12 仲よしクリップ —— 27
13 つながるクリップ —— 30

B 身近なものを生かす手品

C 手先が器用になる手品

D 準備がよければ成功する手品

Ⅲ 二十一世紀の手品

A

頭がよくなる手品

1　十円玉の起立

おっと、と……、平均台よりもでこぼこした手の甲の上で、十円玉がじょうずにバランスをとって頑張っていますよ。どうやればじょうずに立つか考えてみましょう。

タネアカシをすれば「なーんだ、こんなことか」と思うようなことを考えるところに、楽しみがあります。

用意するもの　十円玉一枚、虫ピン一本

演じ方　ひそかに指の間に虫ピンをはさみ、これに十円玉をもたせかければよいのです。

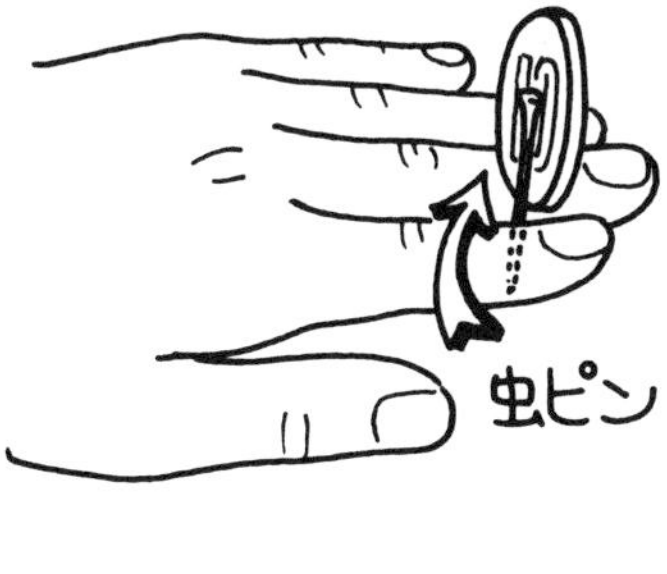

2 コロンブスの卵

アメリカ大陸を発見したコロンブスが卵を立てたというはなしは余りにも有名です。あなたも挑戦してみませんか。ただし割らないで卵を立てるのです。少しはコロンブスの気分になれると思いますよ。

用意するもの　卵一個、塩少々

それでは指先で卵のバランス調整をしながら、テーブルに立たせてみましょう。思わず「ばんざい、立った!」と感激しますよ。

タネアカシ　卵の端をちょっと湿らせて食塩をつけます。これだけを思いつくのに一苦労です。

塩は少ないほどよろしい。

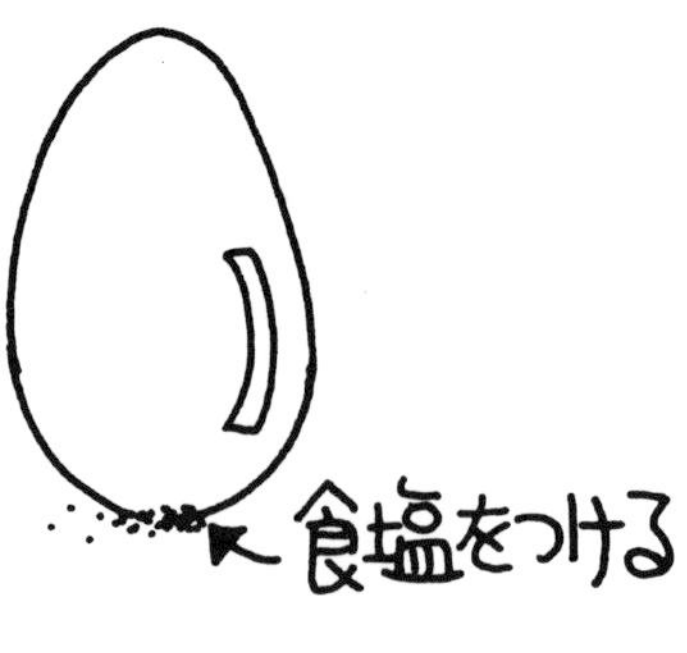

3　双子の十円玉

親指と中指（人差し指）の間に、同時に二枚の十円玉を立ててみましょう。一枚を指にはさむ要領……と考えても成功しませんよ。

用意するもの　十円玉二枚、マッチ棒一本

演じ方　マッチ棒を十円玉二枚の長さと同じ長さに折って、十円玉を支える柱にします。そして親指と中指にはさんだマッチ棒の柱に十円玉を二枚並べるようにして立てかければよいのです。

4　一本足のマッチ

四本のマッチ棒を持ってください。それでは「四本とも倒れないように立ててみましょう。」ひょろひょろと細い体が立つものかと、うっかり言ってしまうはずですよ。

用意するもの　マッチ棒四本、テーブル

演じ方　マッチ棒の先端に、ちょっとつばをつけて湿らせてから立てます。

見ている人の前で、マッチ棒を口に近づけてつばをつけられると幻滅ですね。そこで相手にわからないように、中指の先にでもつばをつけておいて、マッチ棒を立てる時に何気なく先端を湿らせましょう。

5　マッチ箱のウルトラC

今からマッチ箱が「ウルトラC」をします。マッチ箱を二〇センチメートルもの高い所から落として、ふらつかないようにピタッとまっすぐに立たせます。二〇センチメートルなんてわけないよと言った人は、マッチ箱の気持がわからないのかもしれませんよ。あの小さなマッチ箱にとってずいぶん高いですよ。

用意するもの　マッチ一箱、テーブル

演じ方　中箱をちょっと上に引き出してから真っすぐ下に落とします。ほらマッチ箱はピタッと真っすぐに立ったでしょ。しかもちょっと上に引き出した中箱が元通りになっているので二度びっくり。「超ウルトラC」です。

6　フォークのやじろべえ

フォークが二本――おいしいものが食べられるな。

コップ――すばらしいごちそうのようだ。

最後は十円玉が出ました。

十円玉――十円で食べて飲めるわけはない。

バカにするな！　とおこらないでください。

今からコップのふちにやじろべえをつくってください。

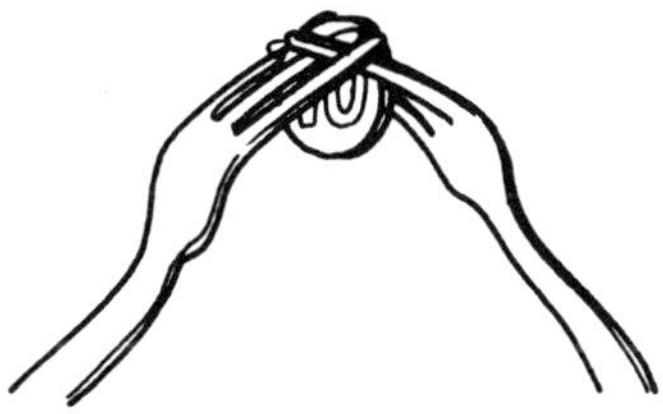

用意するもの　フォーク二本、コップ一個、十円玉一枚

演じ方　図のように、十円玉とフォークの刃先をかみ合わせます。二本のフォークの柄の開く角度を調整しながら、十円玉の端をコップのふちにかけてみましょう。

ユラユラユラ……これを「フォークダンス」といいます。

7 折れないマッチ棒

ハンカチで包んだマッチ棒をポキン、ポキンと小さく折ってしまいます。

アブダ、カタブラ！　おまじないをかけてハンカチを開くと、接着剤でなおしもしないのに、マッチ棒は元通りですって。骨折してもこんな具合に簡単に治るといいですね。

用意するもの　ハンカチ一枚、マッチ棒一本
演じ方　マッチ棒をハンカチで包み、①のように布ごしにマッチ棒の形をみせます。
このマッチ棒を、ハンカチの上から本当にポキンと折ってください。実際に折るところにこの手品のおもしろさがあります。ただし、折るのは一回だけです。何回も折り返してバラバラに切りはなしてしまわないように。
ハンカチなしで実際に確かめてみればわかります。マッチ棒は②のように外側は完全に切れてしまいますが、内側はちょうつがいのように木の繊維が残ります。そこでおまじないをかけ、折れたマッチ棒をまっすぐにのばしてから③ハンカチを開いて見せるのです。そのものの性質をじようずに生かすことが大事ですね。

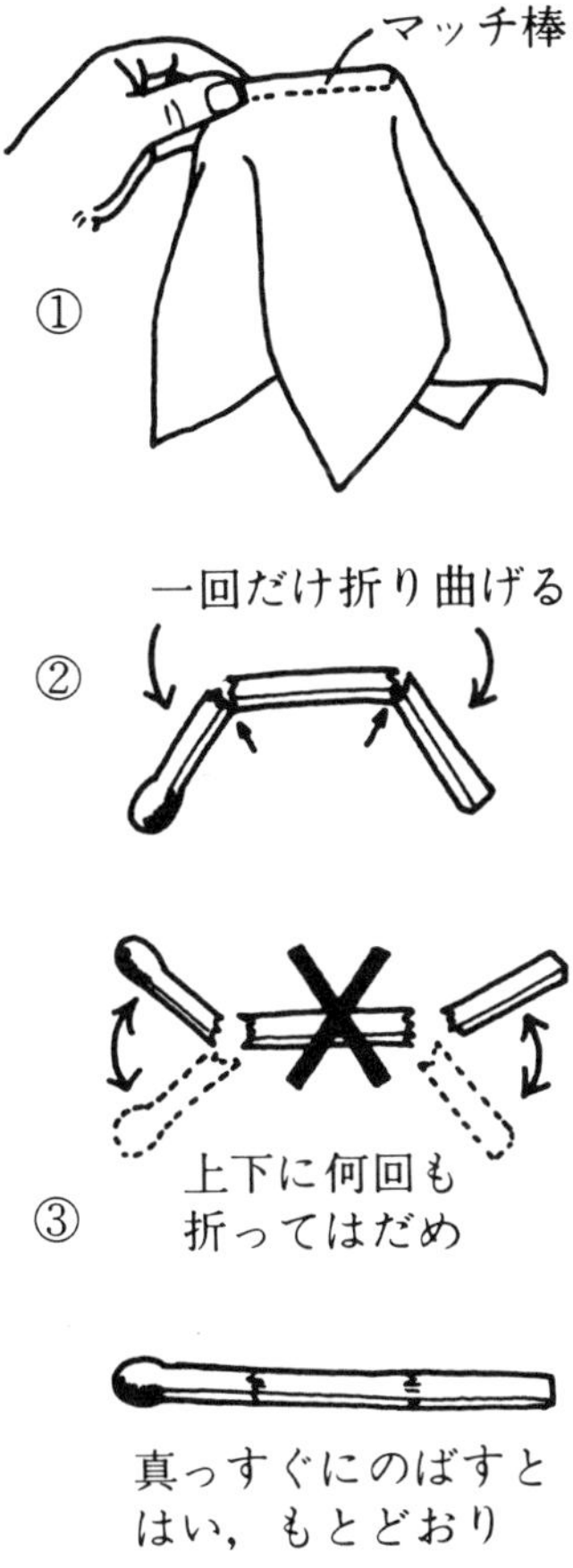
マッチ棒
①
一回だけ折り曲げる
②
上下に何回も
折ってはだめ
③
真っすぐにのばすと
はい，もとどおり

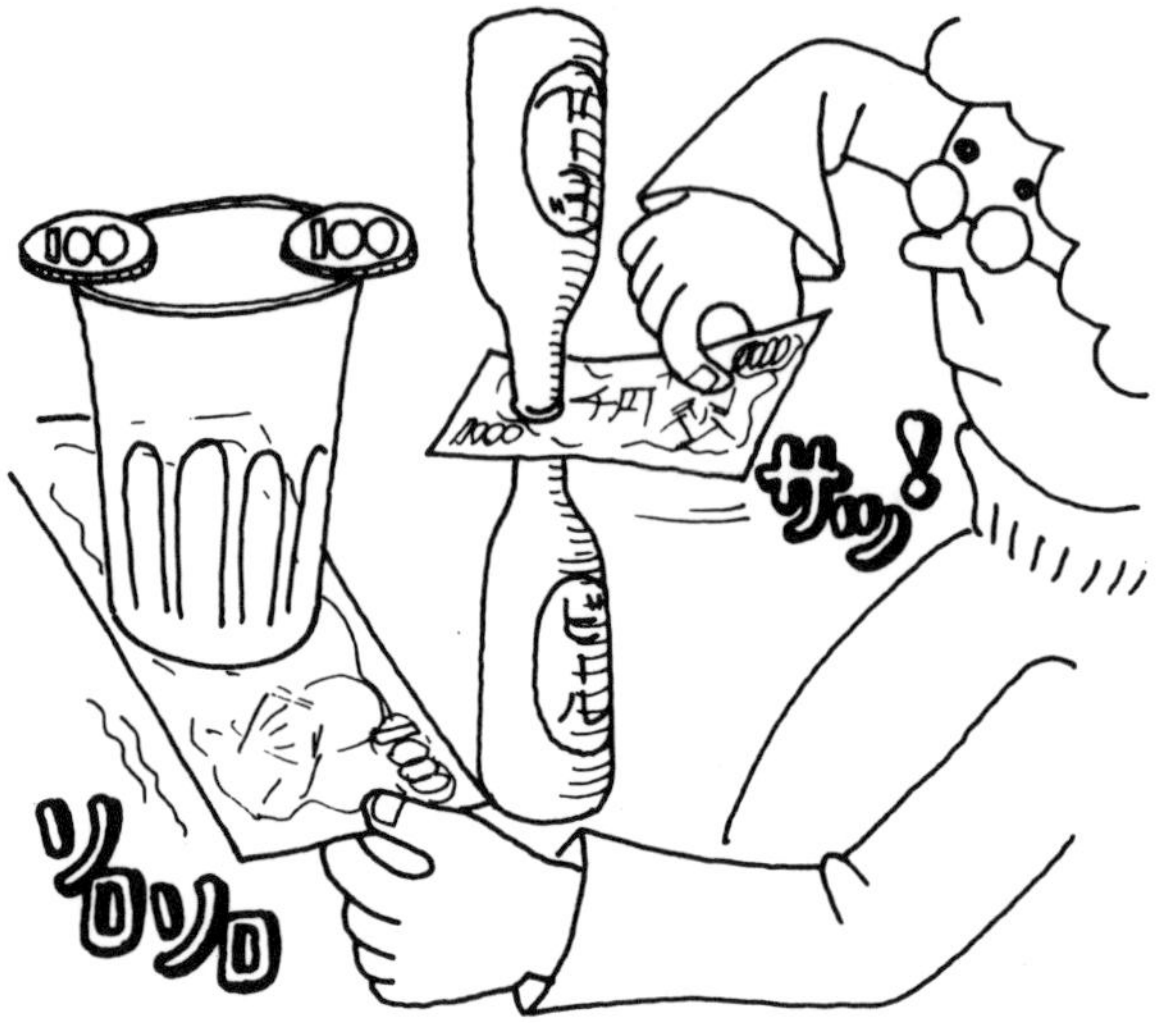

8　金とりゲーム

千円札の上に水の入ったコップをのせ、コップのふちに百円玉をのせます。コップや百円玉に手を触れないで、しかも百円玉を落とさないように千円札をぬきとれるでしょうか。「ぬきとった人に千円札をプレゼントしましょう」といわれれば真剣に考えるでしょうね。

用意するもの　水の入ったコップ一個、千円札一枚、百円玉二枚

演じ方　千円札の端を手前から巻きながら(①)、ゆっくりとコップを押し出していくと、百円玉も落ちないで千円札をぬきとれます。簡単でしょ!

それではつぎに、ビールなどの空ビンの口に

①

②

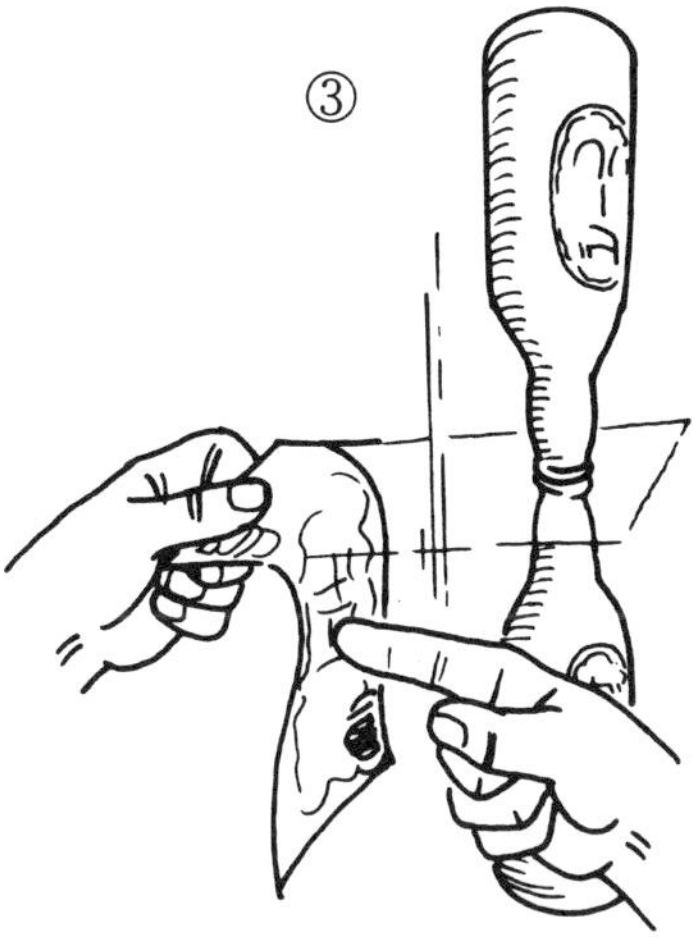

③

千円札をのせ、その上にもう一本の空ビンを逆さに立てておきましょう(②)。

　さて、空ビンに手を触れずに、この千円札をぬきとることができますか？　二本のビンを倒してはダメですよ。

　前の方法のように、千円札を巻きながらとろうとしますと、上にのっている空ビンが倒れてしまいます。

　頭の切りかえをしないと、いつまでたっても成功しませんよ。

　千円札の端をつまんで水平に持ちます。この千円札をもう一方の手で、すばやく、強くたたくと見事にぬきとることができます。

9　吹けば離れる、触れたら失格

食後に「デザートにしましょう」と一言。そこでコップを使って、食べられない風変わりなデザートは、大うけ間違いなしです。

重ねた二個のコップを、机の上に、横にねかせておきます(①)。

ここで問題。

「さあ、コップに手をふれずに、この二つのコップをひきはなすことができますか?」

用意するもの　コップ二個

演じ方　大方の人は重

①

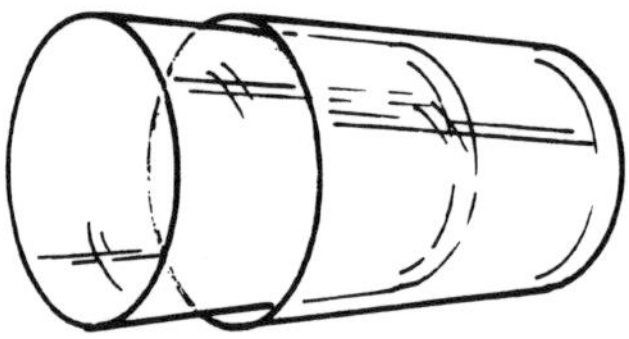

②

水にふれずに
水中の10円玉をつまみとる
手をふれずにコップをはなす

なっている外側のコップの飲み口に向かって、息をプープーと吹きつけて離そうとしますが、コップはビクともしないので、さじを投げる人もでてきます。

相手が降参したところであなたは、重なっている部分の真上から、プーッと思い切り息を吹きつけます。すると、スーッとコップが離れます(②)。

顔を横に向けたり、体をねじったりしないで、スマートに楽しむことができます。

さてもう一問。こんどは、コップのほかにお皿と十円玉をつかいます。

お皿に少々水を入れ、十円玉を水につけるように置きます（③）。

③

「さて、このお皿の中の十円玉を、水に触れずにつまみとることができますか？」

相手が降参したら、大根か人参の切れはしにマッチ棒を一本立てて、お皿の中央に置きます。

マッチ棒に火をつけ、もえ上がったら、すぐにコップをその上にかぶせます（④）。

④

こうすると物理作用で、水はコップの中に全部吸いこまれてなくなりますから、ゆっくりと十円玉をつまみとってください。

※火の取り扱いには、くれぐれもご注意ください。

10 しっかり見てね

「二つとも同じ大きさよ」と言われても、少しでも大きい方が欲しくなって、とっつかみ合いの兄弟げんかをして、親を困らせた経験があることでしょう。

そこで、同じ長さなのに一方が「長いな」と感じるよい方法をお教えしましょう。

演じ方　①と②の図形をごらんなさい。あなたならどちらが大きいと思いますか。

下の方がずーっと長くみえますが、この二つは全く同じ大きさなのです。画用紙でこれと同じ図形を作ってためしてごらんなさい。

いつでも下にある図形がいかにも長いよ

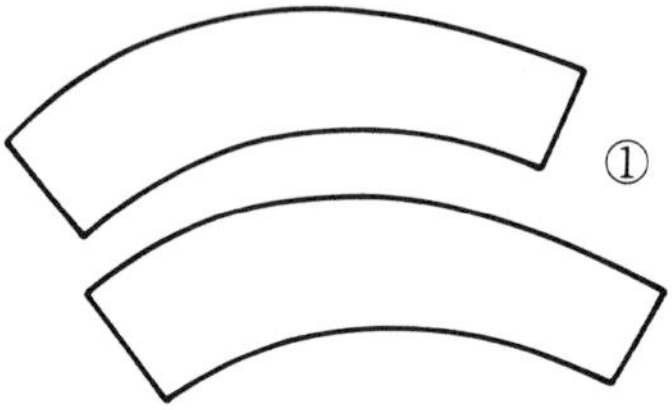

①

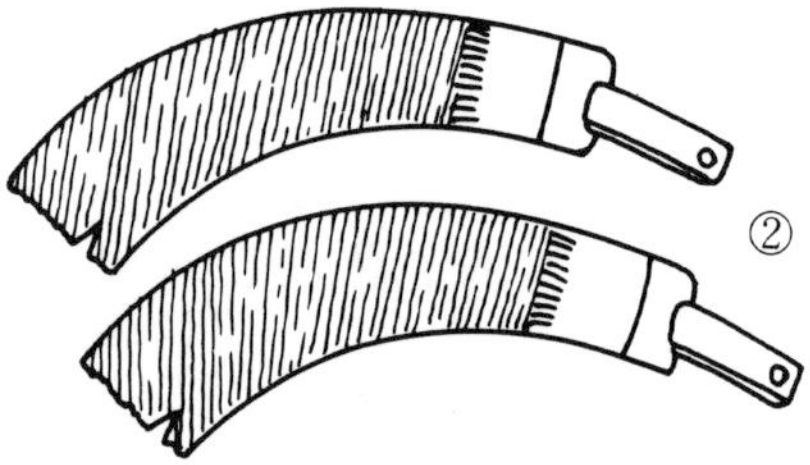

②

③

うに見えるから不思議です。

この原理を応用して、本物のバナナをつかってやってみましょう。欲ばりさんは、きっと下の方のバナナをとりますよ（③）。

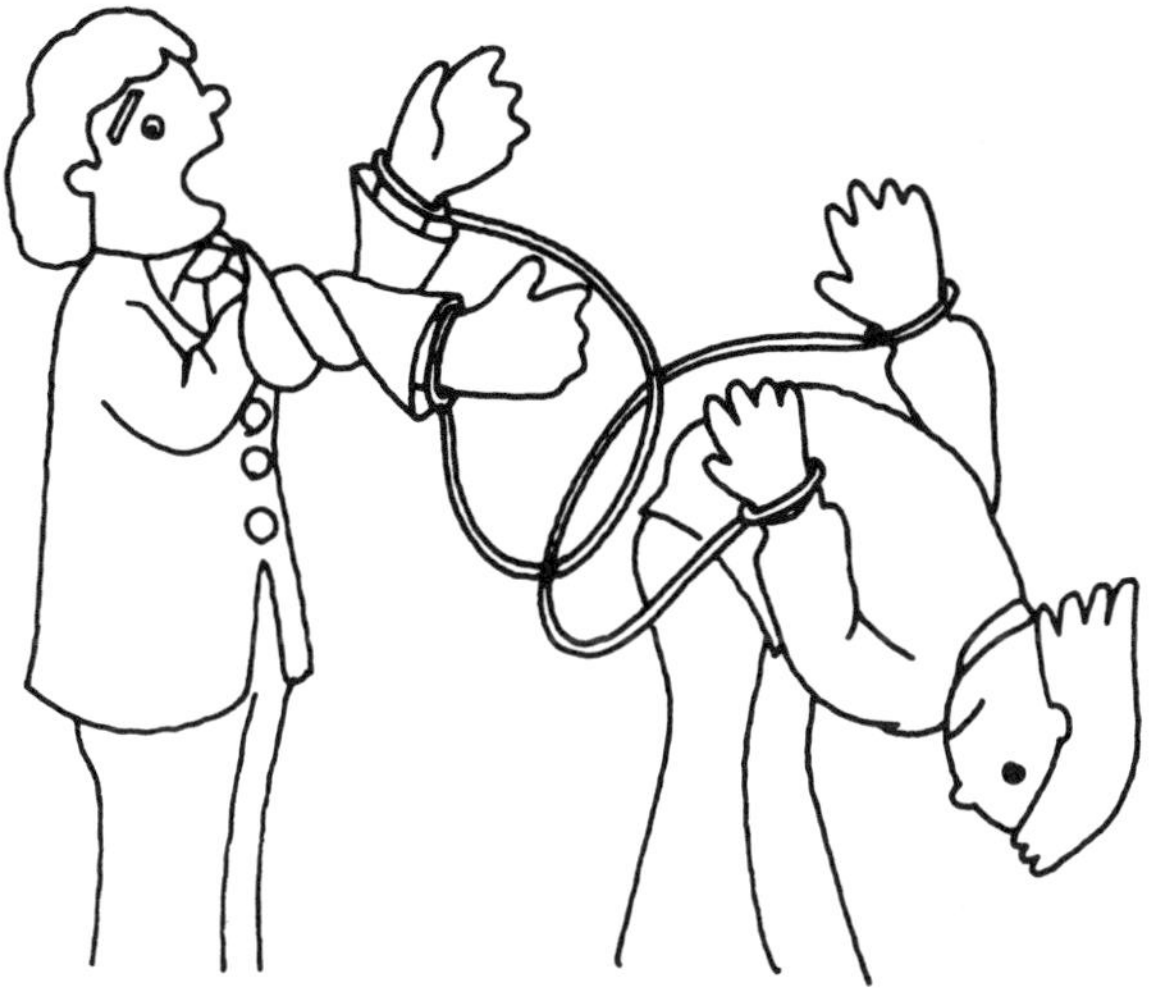

11 知恵の輪

両手首にひもを結んで、二人をつないでしまいます。

ヨーイ・ドンで、どの組がいちばん早く離れられるか競争してみましょう。

ひもをほどいたり、切ったりしては失格。離れるどころか、ひもがからみ合って身動きできずに目を白黒させている組が続出しますよ。

用意するもの　一・五メートルくらいのロープを人数分

演じ方　二人一組になってもらって、この二人の両手首にそれぞれロープを結んで、①のようにつながってもらいます。

さてどの組がいちばん早く離れられるかな。

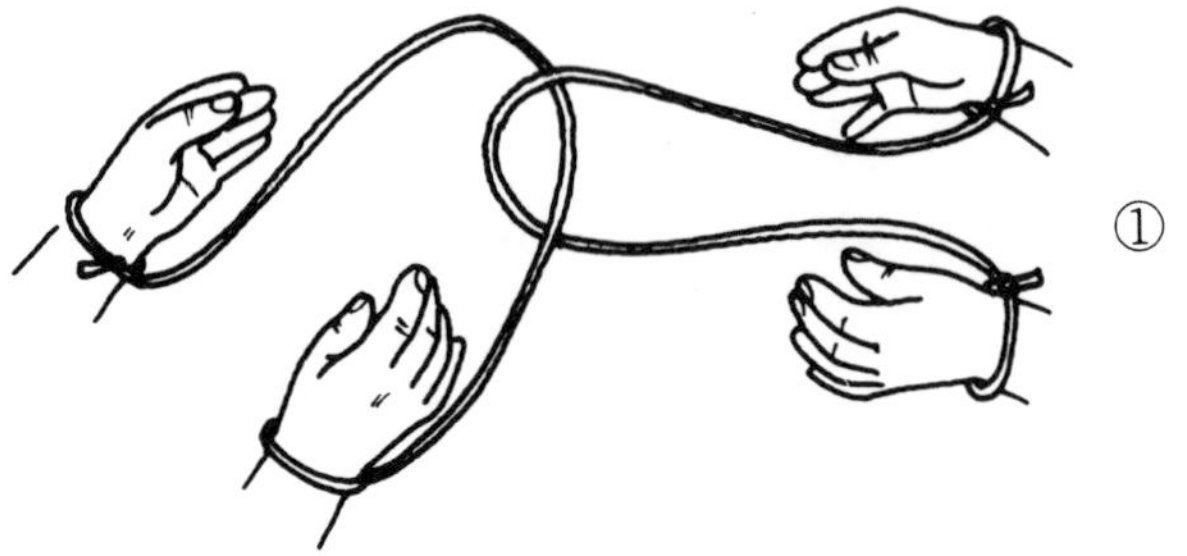

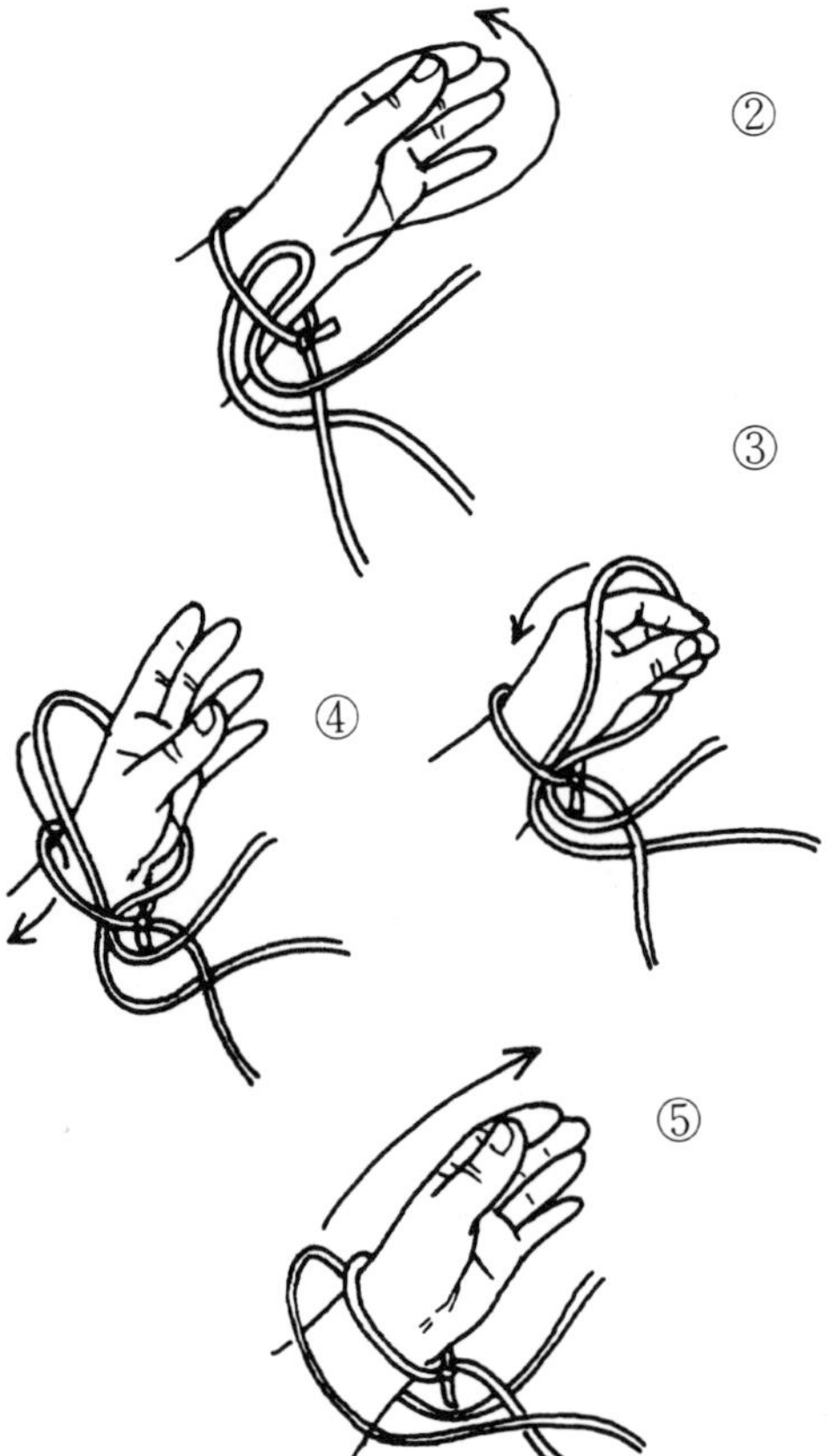

からだをうまくぐらせれば、すぐに離れられるようにみえますが、実はその反対で、ますますからまってしまいます。②～⑤のように、相手のロープを自分の手首のロープにくぐらせるだけで、簡単に離れることができます。

12 仲よしクリップ

クリップを見ているうちに、ふと輪ゴムを鎖状につないで跳んだ子どもの頃を思い出したりはしませんか。

ところでクリップを二個つなぐのは容易ではありませんね。今から「エイッ！」と気合いをかけると「カチャ！」とつながる妙技をごひろうしましょう。

用意するもの　クリップ二個、千円札一枚（これと同じくらいの大きさの紙でもよい）

演じ方　千円札を屛風のように三ッ折りにして、クリップで中と外の二枚をつまむように両側を止めます（①②）。

お札の両端を持って、左右にゆっくりとひっぱり（③）、お札を徐々に開いていきます。すると、二本のクリップはお札にとまったまま、真ん中でいっしょになります（④）。

最後に、お札を勢いよく左右に開くと、二本のクリップは空中にとび出してつながります。

クリップのつけ方を間違えて、鎖にならないで大失敗しては面目丸つぶれ。⑤とよく照らし合わせてからおやりください。

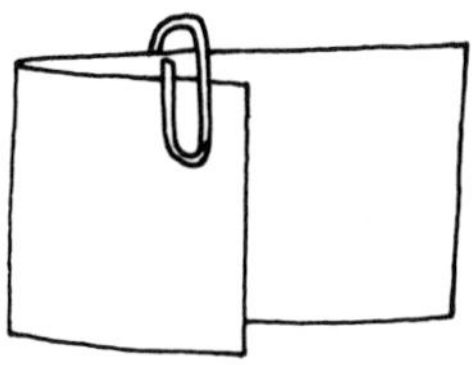

①

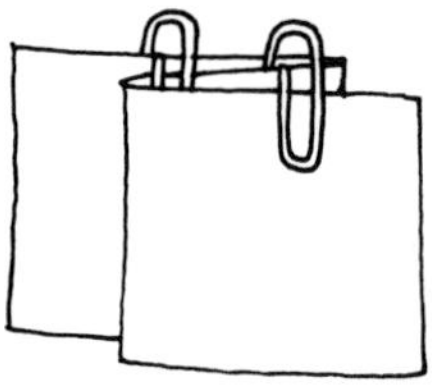

②

③

④

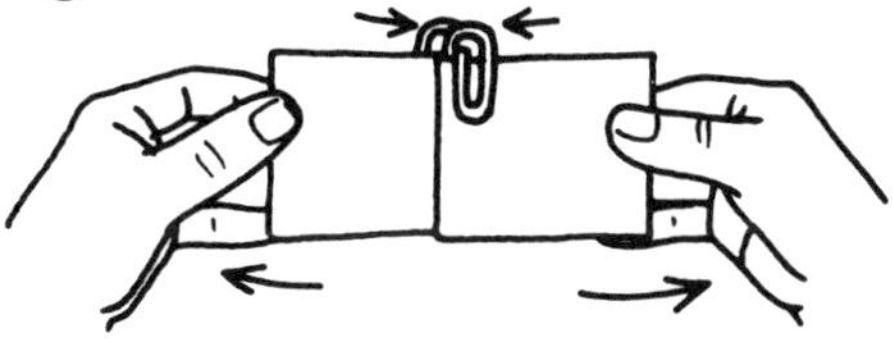

⑤

13　つながるクリップ

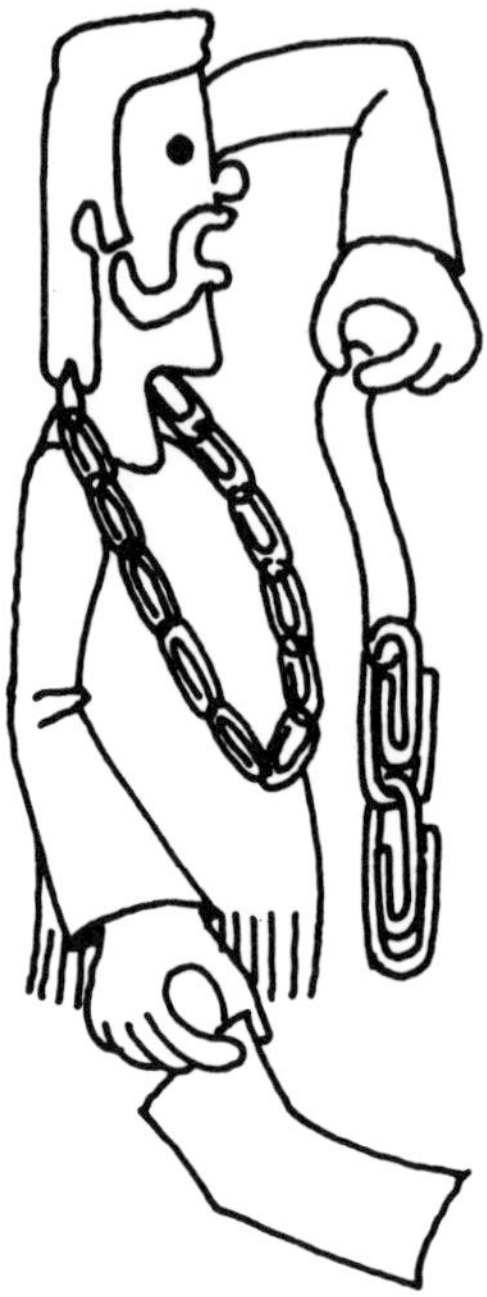

①のように、クリップの一本に輪ゴムを止めて、お札を左右に開くと、②のように輪ゴムにクリップがつながります。

また、③のようにすると、④のようにつながります。

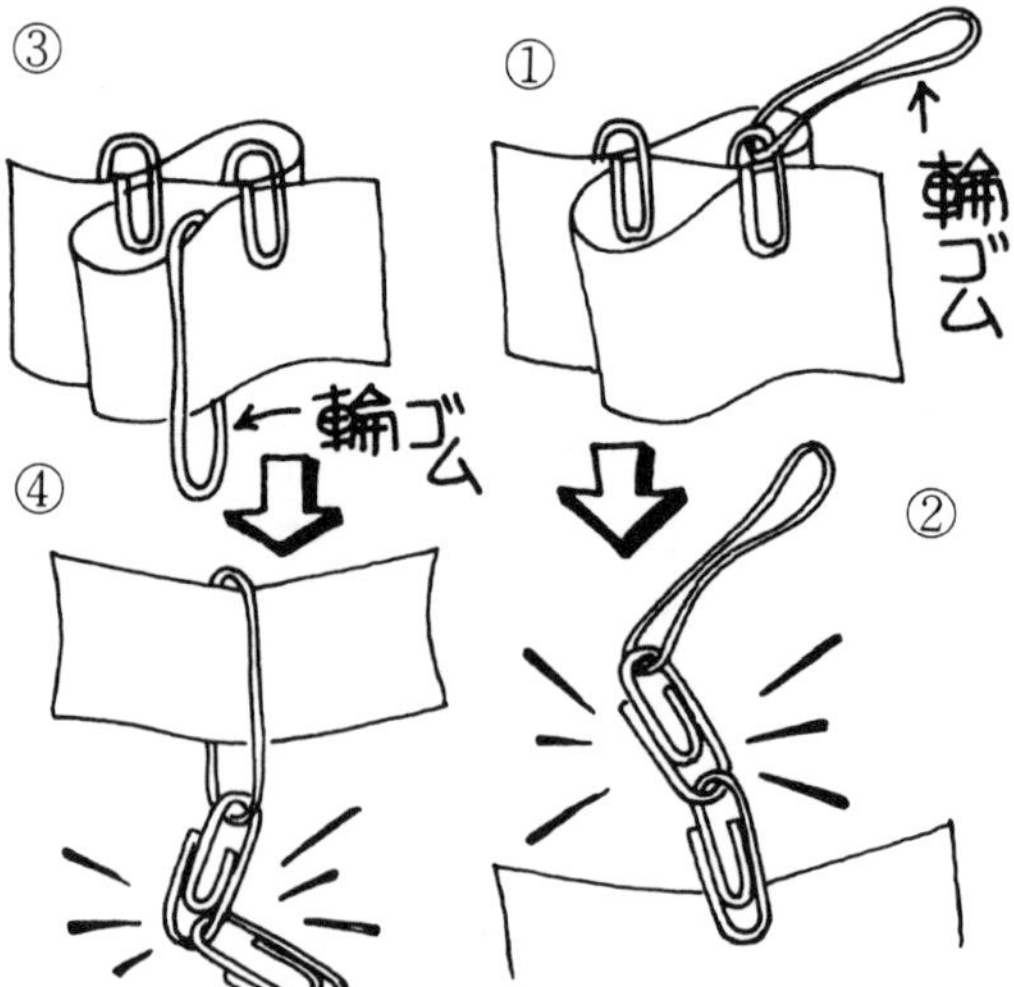

これを参考にして、変わったつなぎ方を考えてみてください。

B

身近なものを生かす手品

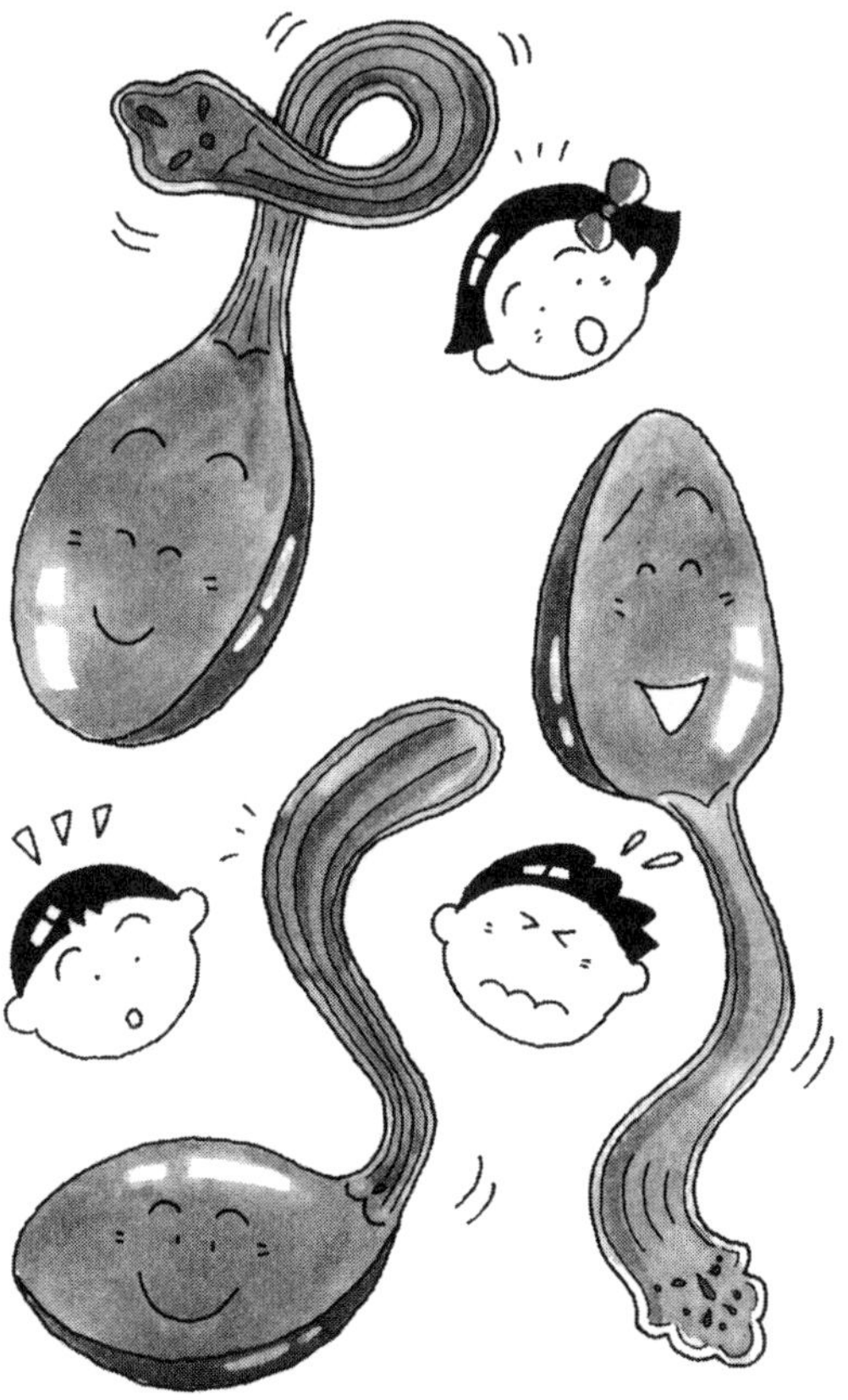

14 新聞ツリー

新聞紙をクルククルッと丸めて端にちょんちょんと切れ目を入れます。

魔法の息を吹きかけると、みるみる大きくのびて、立派なツリーになります。植木鉢に入れて、即席庭園でもどうぞ!

切り込みをかえると、はしごもできますよ。

用意するもの　一ページ大の新聞紙を半分に細長く切ったのを二枚つかいます(①)。

演じ方　準備した新聞紙を、端の方からクルクルと巻きます。一枚を巻き終わったら、もう一枚の端を五センチくらい重ねて、つづけて巻き(②)、細長い筒状にします(③)。

つぎに、上端を四つに破いて切り込みを入れ

ます（③④⑤）

破いたところを外側に折り曲げてから（⑥）、筒の中に指を差し込み、上方に引き出しますと（⑦）、新聞紙のツリーが見事にできあがります。

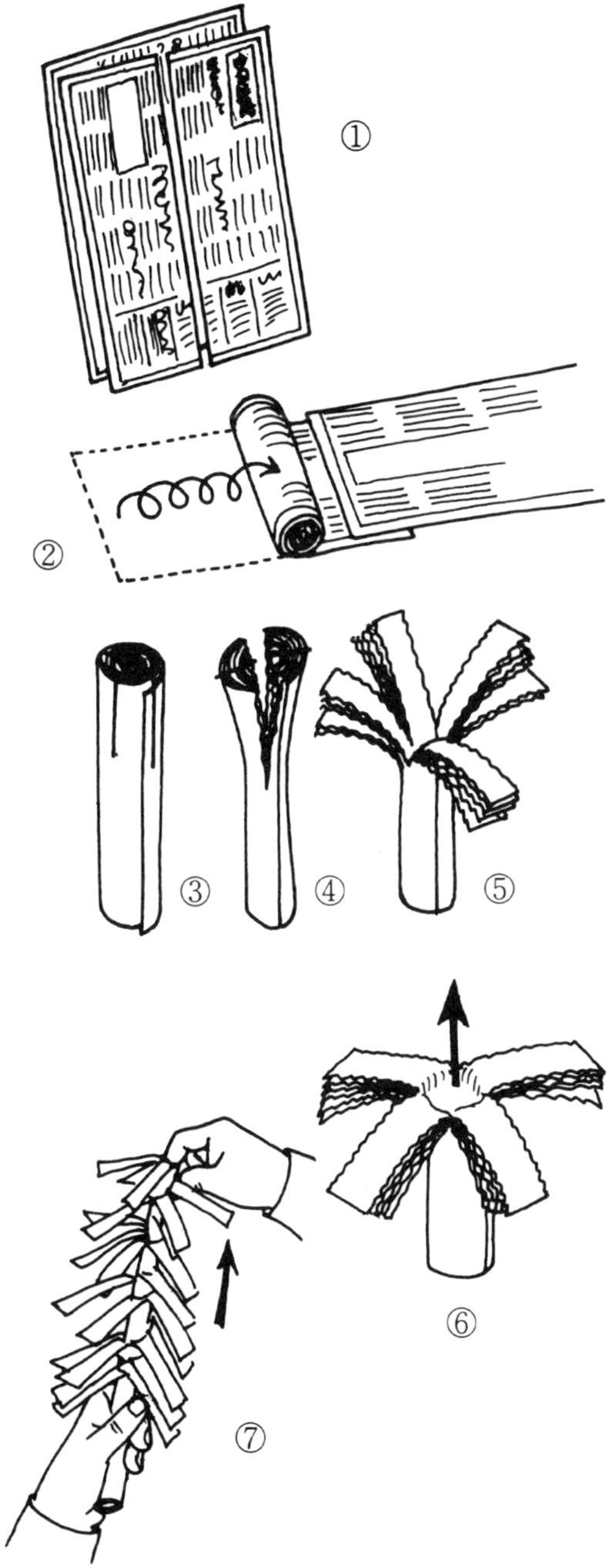

⑧のように切ると、はしごになり（⑨⑩）、⑪のように切ると、飾りのあるはしごもできます（⑫⑬）。みなさんで切り込みを工夫して、変わった形を考えてみましょう。

⑧

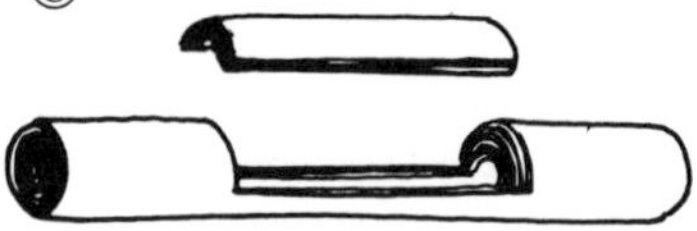

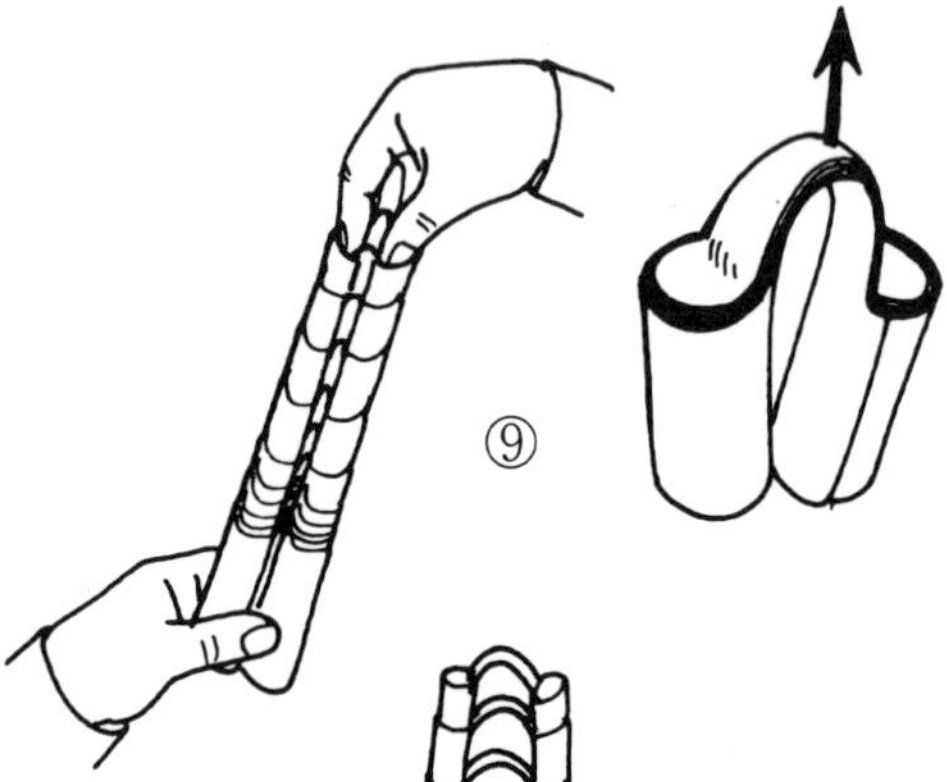

⑨

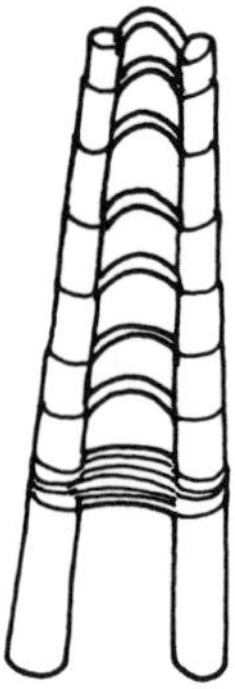

⑩

⑪

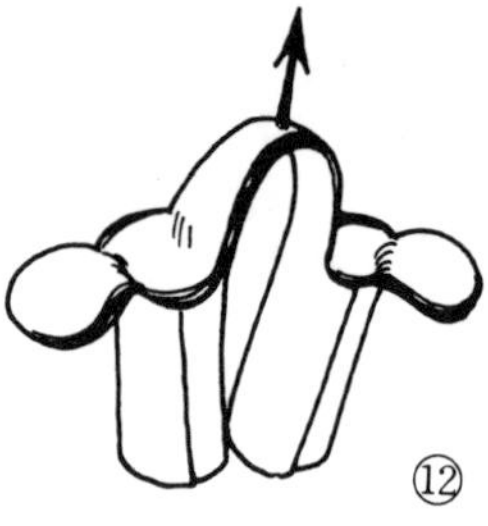

⑫

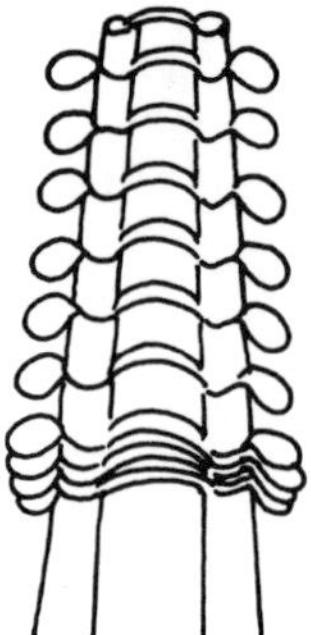

⑬

15　扇子のエレベーターとエスカレーター

指先の魔力で扇子がスルスルッと上昇したり、大きく息を吸い込むと、開いていた扇子がパチンと閉じたり、まるで扇子のエレベーターとエスカレーターです。

用意するもの　扇子、輪ゴム

準備　扇子のかなめについているひもに、①のように輪ゴムを結びつけておきます。

演じ方　相手にわからないように、輪ゴムを左手の中指にかけてから(②)、扇子を握ります。この時、③のように扇子の上の方を握るようにします。

右手の人差し指を軽く扇子にあてます。左手の握りをゆるめると、輪ゴムの力で扇子がスーッと

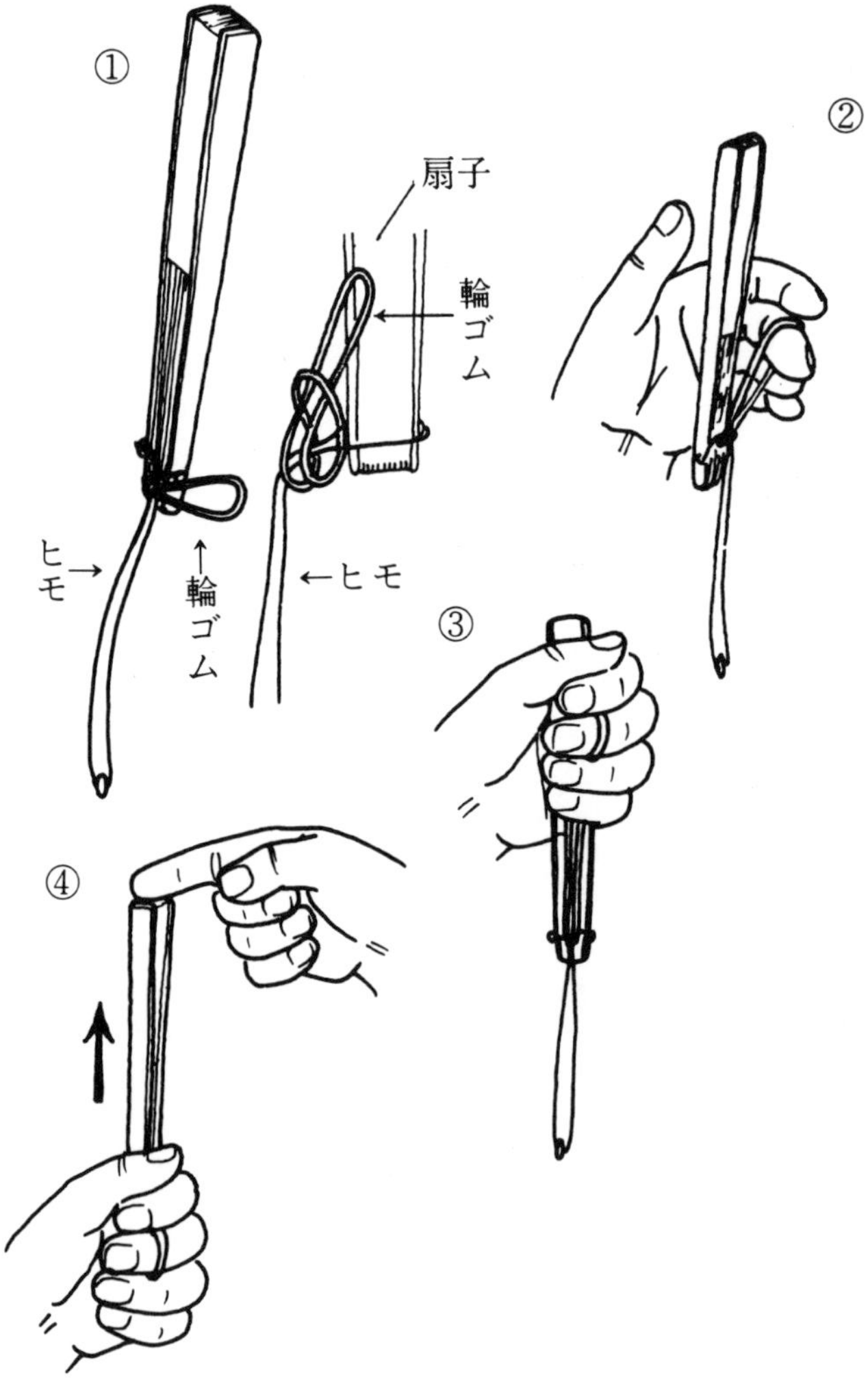
①
扇子
輪ゴム
ヒモ
輪ゴム
ヒモ
②
③
④

⑤

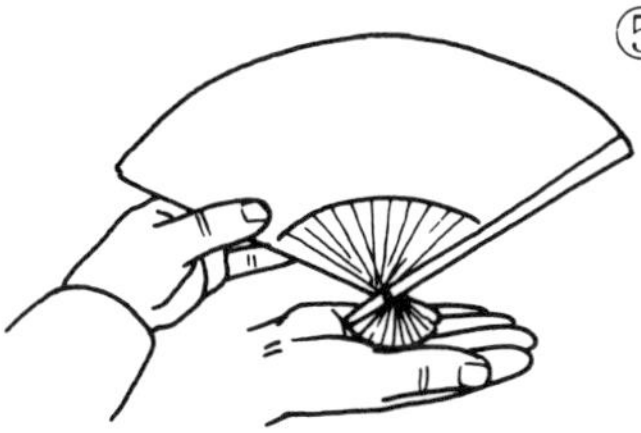

⑦

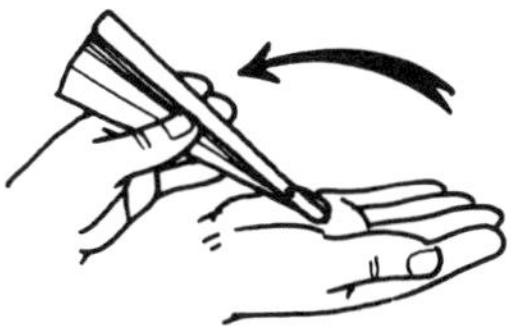

⑥

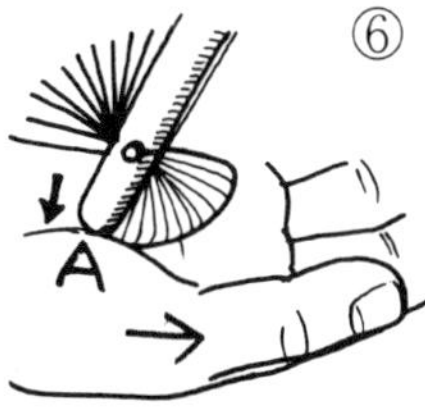

かなめのAのところを手の平に強く押しつけ，同時に手を前に突き出すようにします。

上昇します（④）。

扇子を開いて（これは輪ゴムのついていない扇子です）、要のところを右手のひらにあてます。左手は、扇子の手前のところをしっかりおさえています（⑤）。

扇子に向かって、大きく息を吸い込みながら、左手で扇子の要を強く右手のひらに押しつけ、同時に右手をわずかに向こう側に突き出すようにして扇子を閉じます（⑥⑦）。

16 スプーンの柔軟体操

スプーンを両手で握ってテーブルに押しつけると、あれあれ、スプーンはグニャリと曲がってしまいました。でもご心配なく。おまじないをかけると、たちまちもとどおりです。

用意するもの　大型のスプーンかフォーク

演じ方　スプーンの柄の根元のところを、右手で①のように持ちます。その上を左手で握りますが、右手の親指もいっしょに握ります（②③）。

スプーンの先端をテーブルにあてて、垂直に立てます。

両手でしっかりと握って、ぐーっと力を入れて、向こう側に折り曲げる動作をします。同時に、スプーンの柄にあてた右手の親指をはずすと、④のようになって、まるでスプーンが曲がったように見えます。
左手でスプーンの頭をつまみ、上の方にひきぬきます。はい、スプーンはもとどおり。

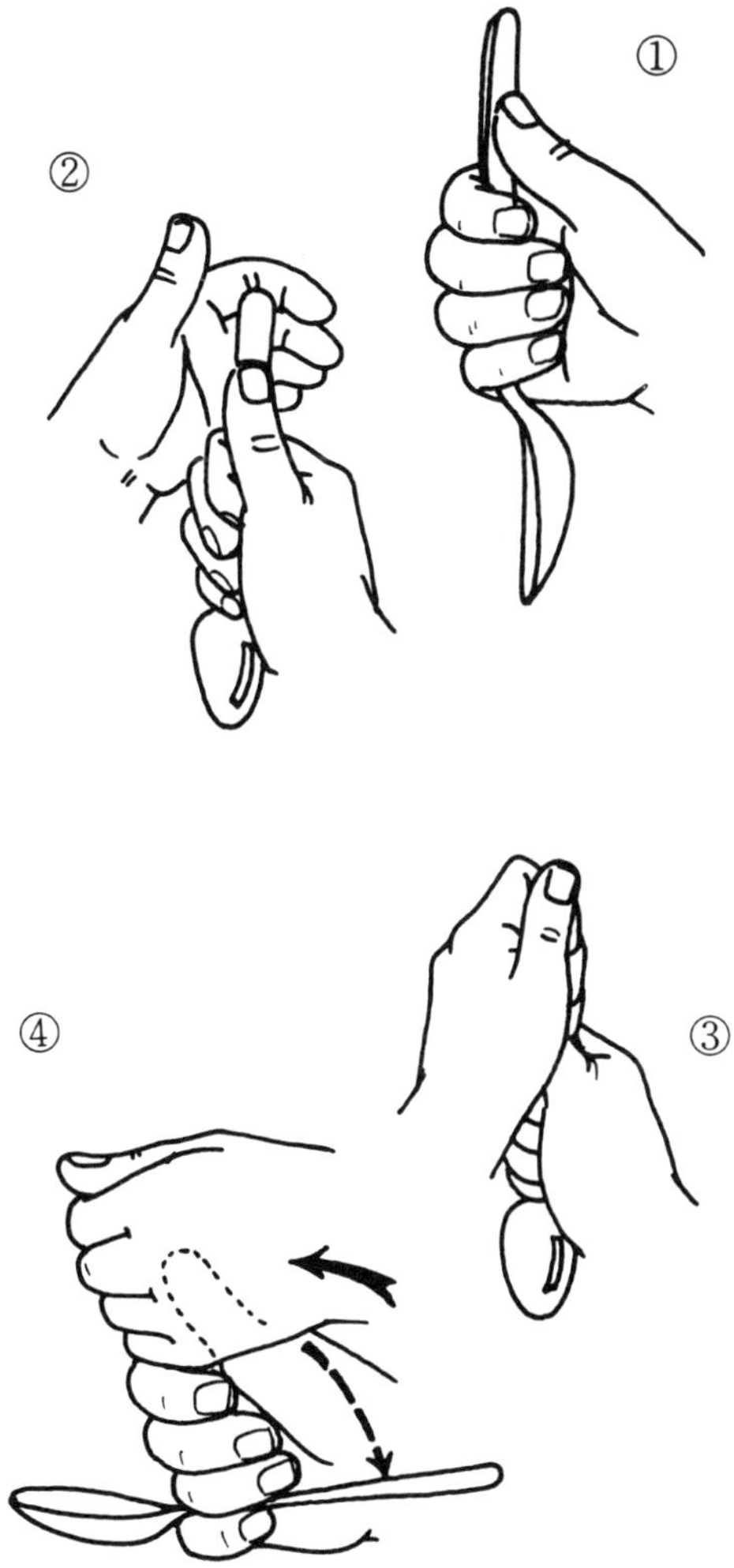

人差指と中指にかかっている輪ゴムが……あっというまに薬指と小指に!

17　輪ゴムのジャンプ

輪ゴムを人差し指と中指にはめます。「エイッ」と気合いをかけるだけで、あっという間に輪ゴムは隣の薬指と小指の方へ飛び移ってしまいます。

もう一度「エイッ」と気合いをかけると、またたく間に輪ゴムはまた、隣の人差し指と中指の方へ飛び移ります。

何回も輪ゴムを往復させて、ちょっとした指の体操になります。

用意するもの　輪ゴム

演じ方　輪ゴムを左手の人差し指と中指にかけます(①)。

右手で輪ゴムをパチンパチンとひっぱって、

たしかに指にかかっていることを見せながら、左手のひらを自分の方に向けます。

このとき、左手のかげで、輪ゴムを右手の人差し指にかけてひっぱります（②）。

左手を握って、ひっぱっている輪ゴムの中に、すばやく四本の指を入れます（③）。

左手をパッとひらくと、輪ゴムは薬指と小指の方に飛び移ったでしょ（④）。ここで、手の裏と表を見せて、間違いなく指から指に飛び移ったことをあらためましょう。

①

②

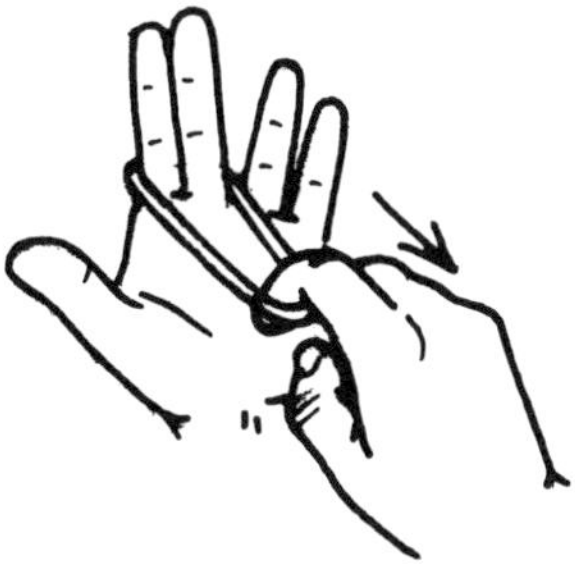

③

④

⑤

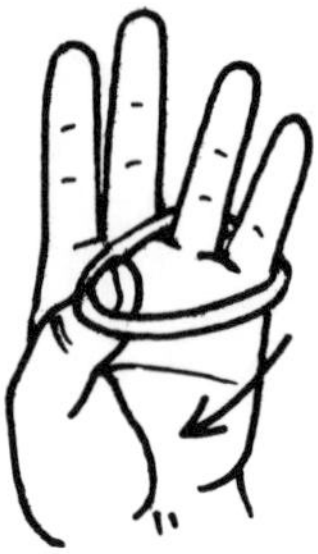

⑥

⑦

⑧

また手のひらを自分の方に向けます。

今度は⑤のように、左手の親指に輪ゴムをかけてひっぱります。前と同じように手を握って、指を輪ゴムの中に入れて(⑥)、親指を輪ゴムからはなします。

手をパッとひらくと、輪ゴムはまた、人差し指と中指にもどりますね(⑦)。

⑧のように、もう一本の輪ゴムで指先をとめても同じようにできますから、ためしてみてください。

18

輪ゴムのひっこし

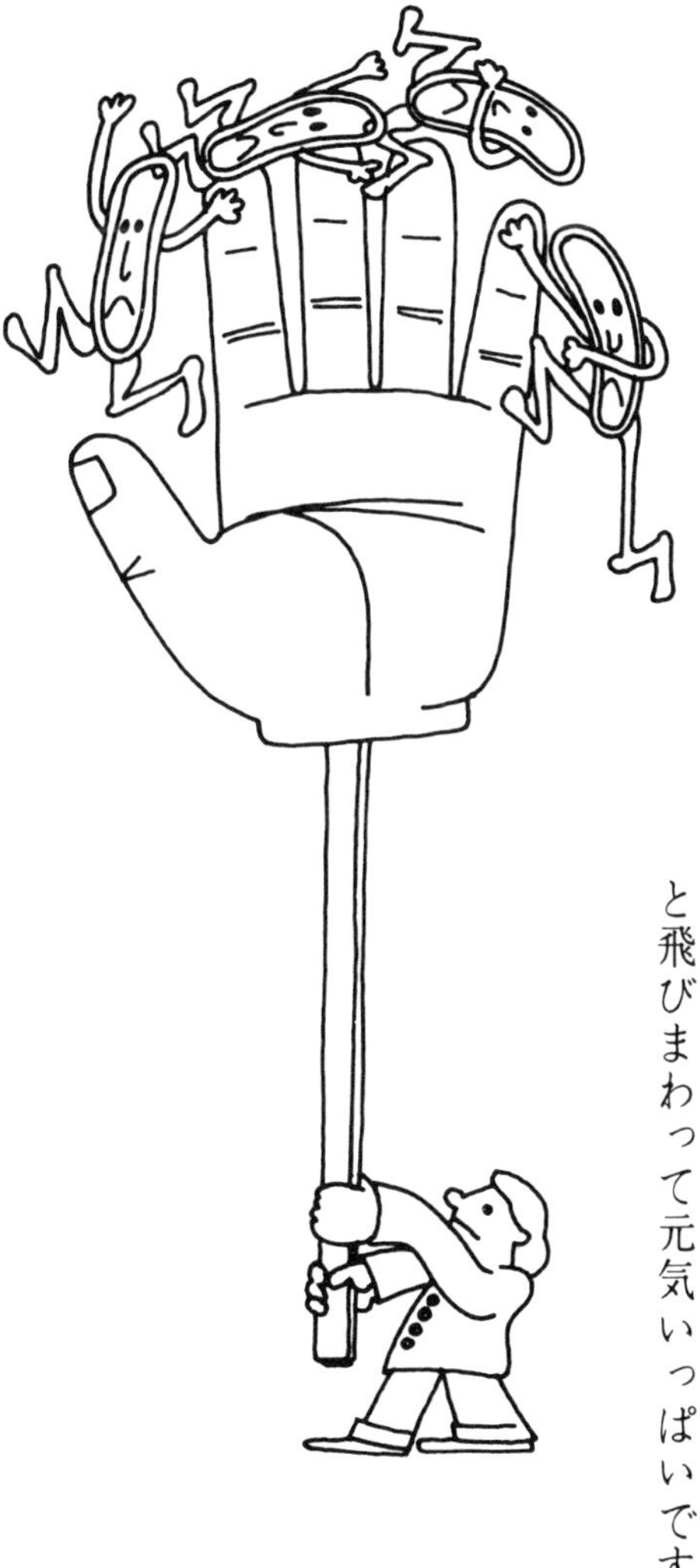

指にかけた輪ゴムが、あっちに行ったり、こっちに来たり、ピョンピョンと飛びまわって元気いっぱいです。

これが本もののゴムとびかもしれませんよ。

用意するもの　輪ゴム一個

下準備　輪ゴムを薬指と小指にかけてから、この輪ゴムを手前にひっぱり、四本の指を曲げて輪ゴムの中に入れます（①＝これは四一ページの③と同じ状態です）。

つぎに、手の甲の方の輪ゴムを②のようにひっぱって、端を親指で押さえます（③）。このようにして四本の指に一本の輪ゴムがかかっているように見せます。

①

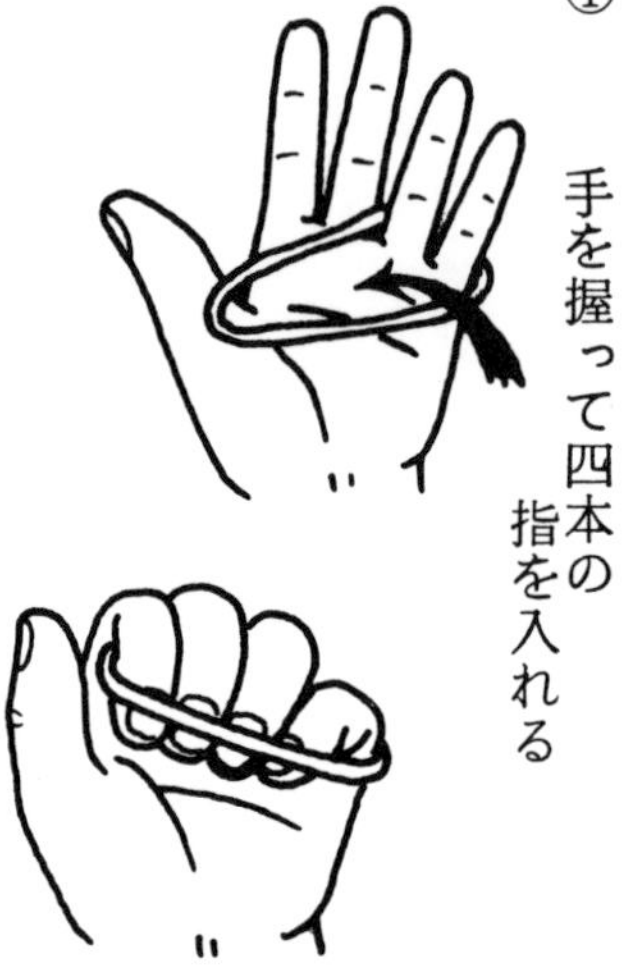
手を握って四本の指を入れる

②

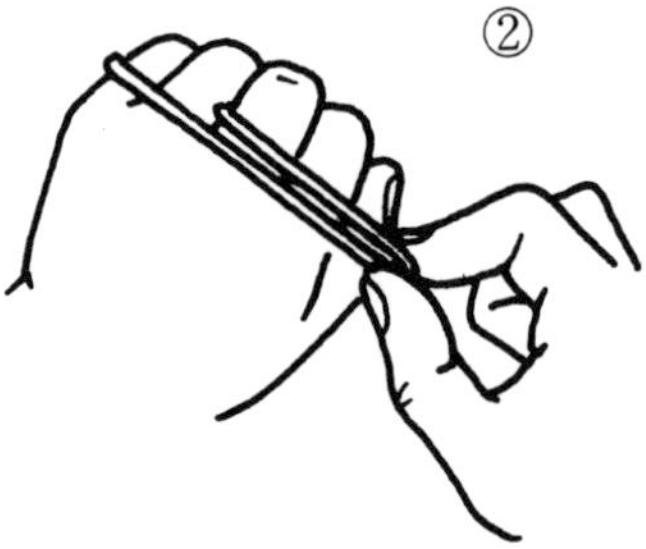

③

はしをおさえる

演じ方　手の裏表を見せて、輪ゴムが四本の指にかかっていることを見せます（④）。

「ワン！」と号令をかけて、親指をちょっとゆるめると、輪ゴムがパッと動いて、薬指と小指だけにかかります（⑤）。

「ツー！」といって手を開くと、輪ゴムは人差し指と中指にとび移ります（⑥）。

　これをスムーズにやると、輪ゴムがまるで生きているように、ピョンピョンと指から指にとび移っているように見えます。

④

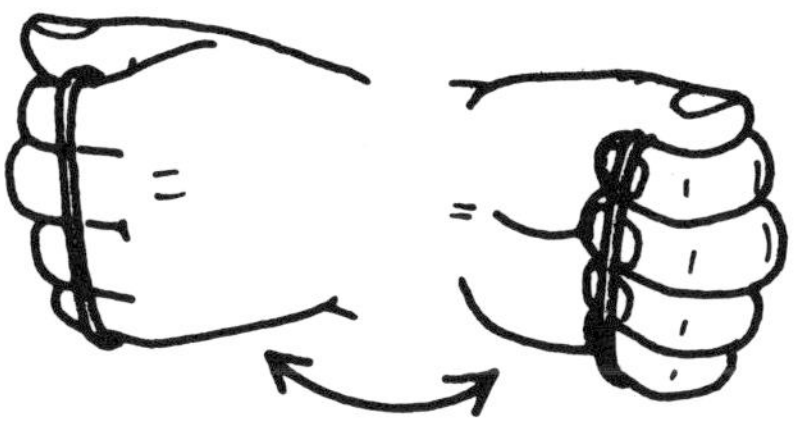

⑤

ワン！

⑥

ツー！

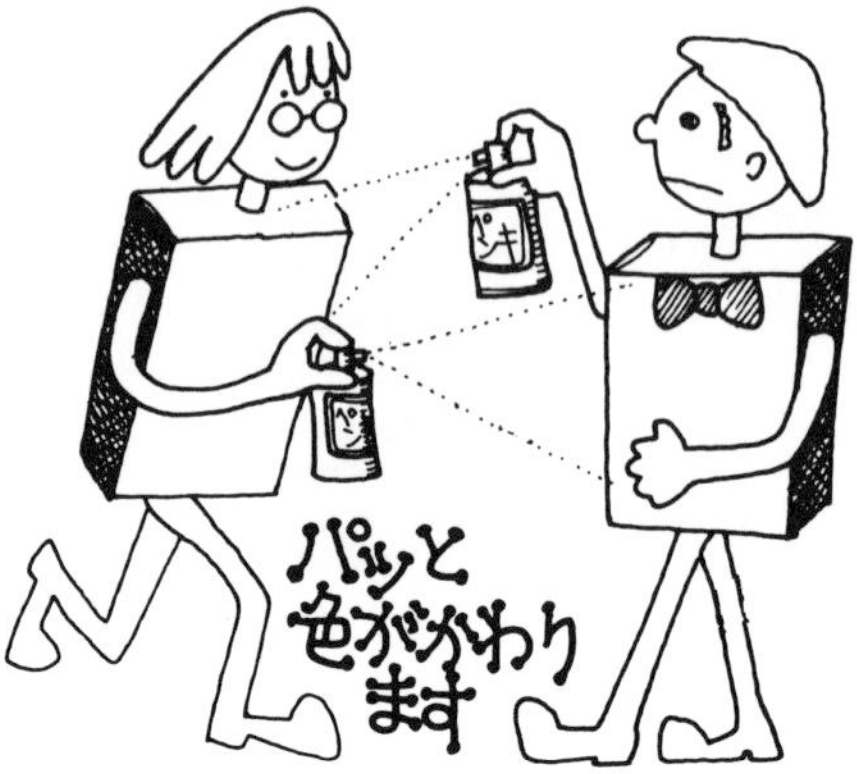

19　マッチ箱のチェンジ

合わせた二個のマッチ箱をパッとはなすと、パッと色が変わるという、二個のマッチの呼吸がぴったりの目にも鮮やかな手品です。

用意するもの　マッチ箱（裏と表の色やデザインがはっきり違っているマッチ箱を二個使います。たとえば、①のA面が赤、B面が黄色のマッチ箱を使うことにしましょう）

演じ方　両方とも黄色の面を上にして、両手に一つずつマッチ箱を持ちます（②）。

両手を合わせてマッチ箱を重ねたとき（③）、左手の親指と中指で右のマッチを、右手の親指と中指で左のマッチを持ちます。

両手を④の矢印のように引きはなして、マッチ箱を持ちかえながら、合わせた面をあけますと、マッチ箱の色が真っ赤にかわったように見えます。

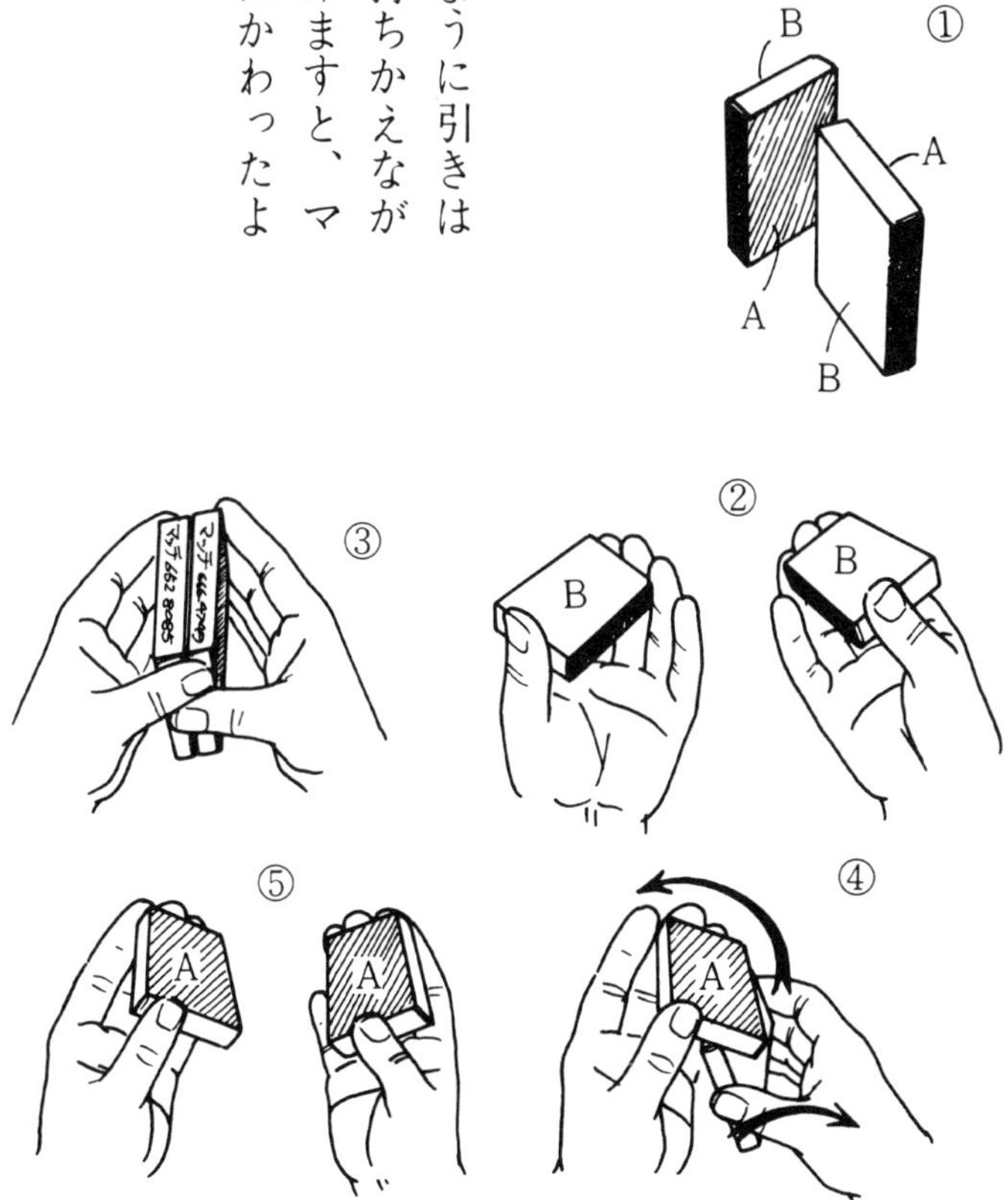

20　マッチ箱のかくれんぼ

左手の指先につけたマッチ箱を、右手でつかみとりました。ところがつかみとったはずの右手を開くと、マッチ箱はかげも形もなくなっています。実はこのマッチ箱、かくれんぼの名人なんです。

用意するもの　マッチの外箱一個

演じ方　左手の中指を伸ばして、マッチ箱をつけます(①)。その他の指は握って、相手に甲の方を向けます。

右手で向こう側から、マッチ箱を抜き取るようなかっこうをしながら、マッチ箱をつけた左手の中指を曲げて、かわりに人差し指を伸ばします(②〜④)。

ゆっくりと右手を開くと、中はからっぽです。もう一度向こう側から右手で、左手の人差し指をおおうようにして、中指にかけます。するとマッチ箱が出現します。

③

①

④

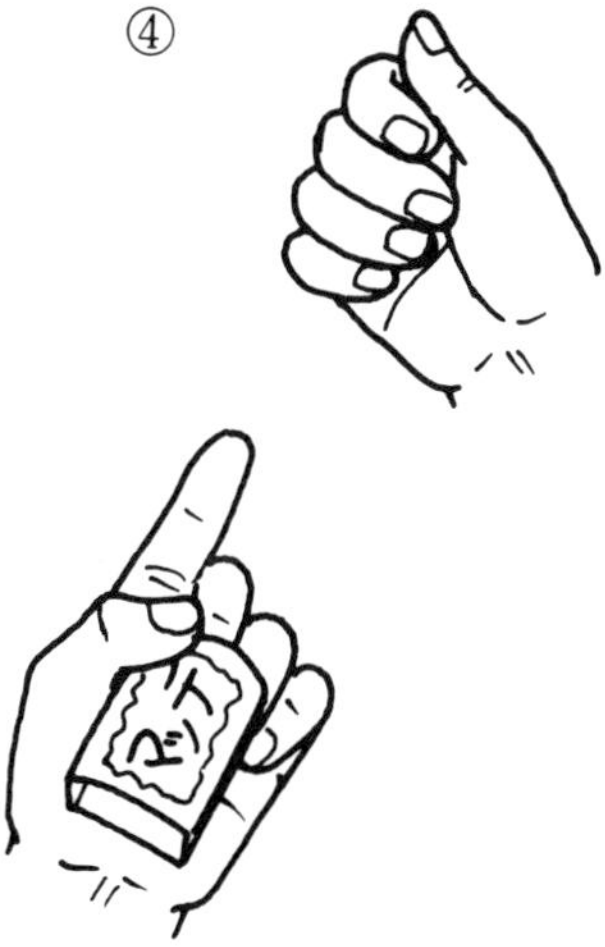

②

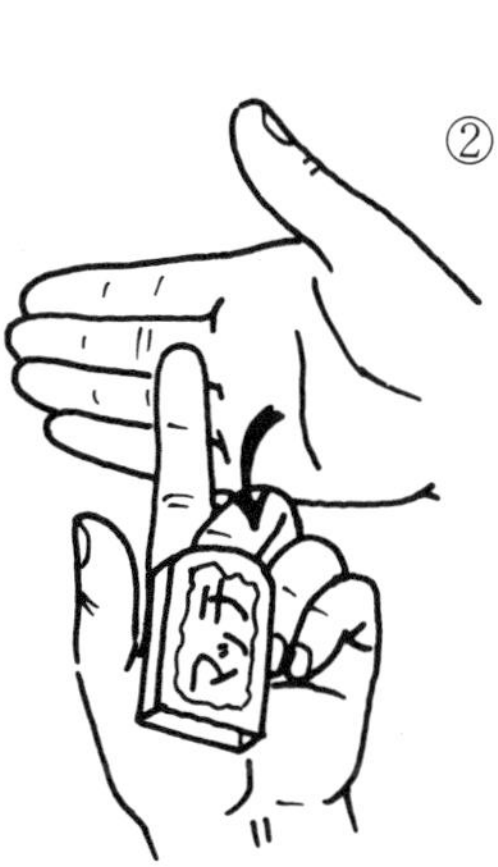

指がかわっても、ちょっとやそっとでは気がつかれないものですよ。

21　透かし茶碗

三個の茶碗のひとつにかくした紙玉をズバリあててしまいます。

「私の目には茶碗の中をすかしてみる透視能力があるのです」とはいうものの、これっぽっちも透視能力はいりませんからご安心を……。

用意するもの　同じ大きさで同じ柄の茶碗三個、紙でつくった玉一個

演じ方　茶碗を三個、テーブルの上に伏せて置きます。このとき、よごれとか、きずを目印にして、どれか一個の茶碗の位置をしっかりおぼえておきます。たとえば、①のように、糸底がちょっと欠けている茶碗が真ん中にあったとすれば、その茶碗と位置をおぼえておけばよいのです。

ここでうしろを向き、相手に、三個の茶碗のどれかひとつに紙玉を入れてもらいます（②）。そして、ほかの二個の茶碗の位置を入れかえてもらいます（③）。

以上のことを相手が終わったところで、前に向きなおります。

茶碗の中を透視しているようなゼスチュアで、三個の茶碗をじーっと見つめながら、まず目印の茶碗をさがし、この目印の茶碗の位置で、次のように紙玉の入っている茶碗をあてます。

目印の茶碗が動いていなければ（①の例では真ん中）、紙玉はこの中にあります。

目印の茶碗が右はしにあれば、真ん中の茶碗と右はしの茶碗を入れかえたわけですから、紙玉は左はしの茶碗の中です（④）。

目印の茶碗が左はしにあれば、その逆で、紙玉は右はしの茶碗の中です（⑤）。

茶碗のかわりに、おちょこをつかって、十円玉をかくしてもらってもいいでしょう。

22　リングのサーカス

あなたもサーカスをしてみませんか。二本のひもでがんじがらめにされたクリップとリングが、別のひもにスウーッと目にもあざやかにと び移る、まるで空中ブランコをみているようです。

用意するもの　ひも三本、大型のクリップ一個、カーテンリング二個

演じ方　二本のひもにまず大型のクリップを通します(①)。

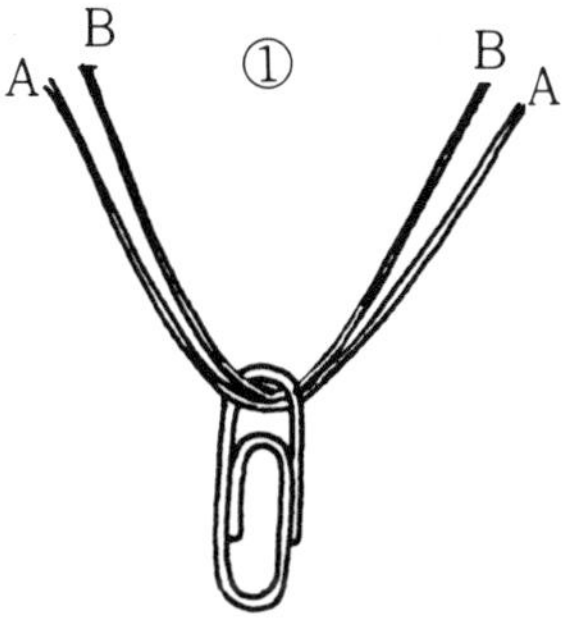

二本のひもを別々にわけてから（②）、③のように一回結びます。この結び方が重要なタネですから、②③図をよく見て、まちがえないように結んでください。

つぎに、ひもの両端からカーテンリングを一個ずつ通します（④）。

両側のひもから一本ずつとって、これで一回結んでから（⑤）、相手にひもを持ってもらいます（⑥）。

つぎに、クリップと二個のリングに別のひもを通して（⑦）、クリップを二本のひもから抜

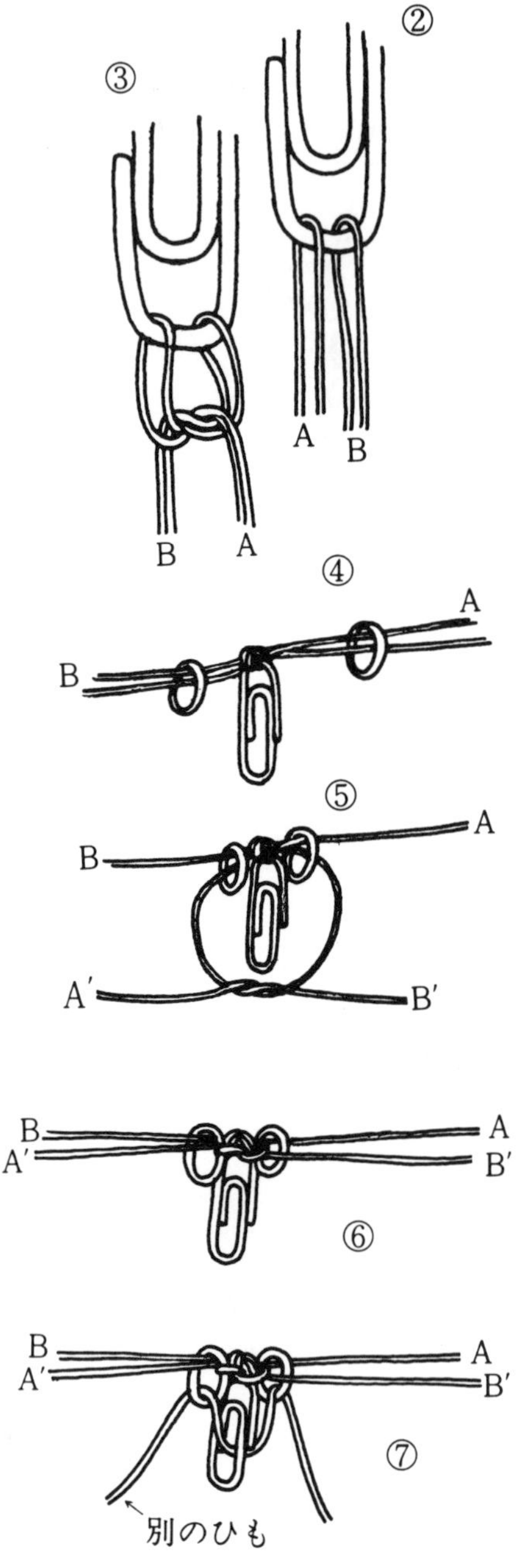

き取ります(⑧)。このとき、二本のひもの結び目を左手で持ってください。

右手で別のひもの端を持って、ワン・ツー・スリーと号令をかけ、号令とともに、相手に二本のひもの両端を引っぱってもらいますと、クリップとリングは、二本のひもから別のひもの方に見事にとび移ります(⑨)。

クリップの代わりに、⑩のように割りばしか鉛筆などに二本のひもを結んでもできます。

また、ロープを使うと舞台用の手品として演ずることもできます。

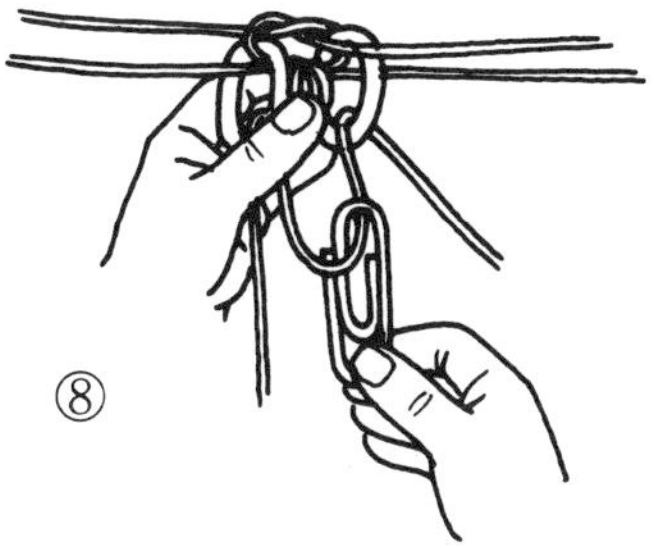
⑧

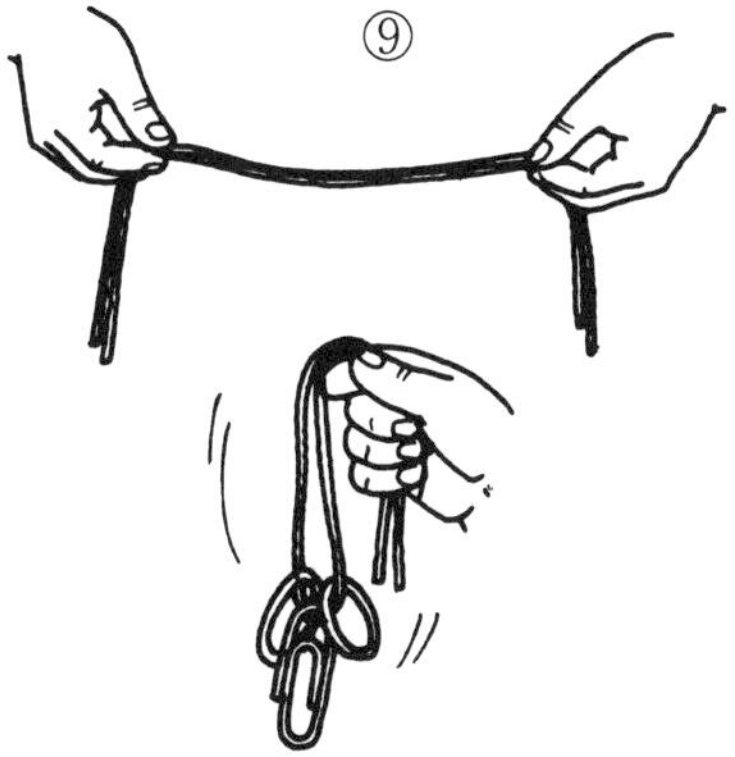
⑨

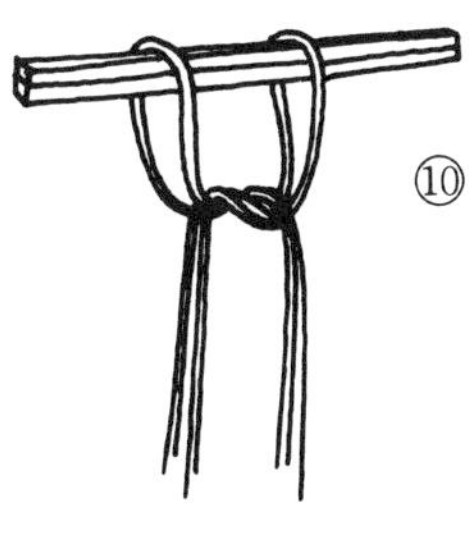
⑩

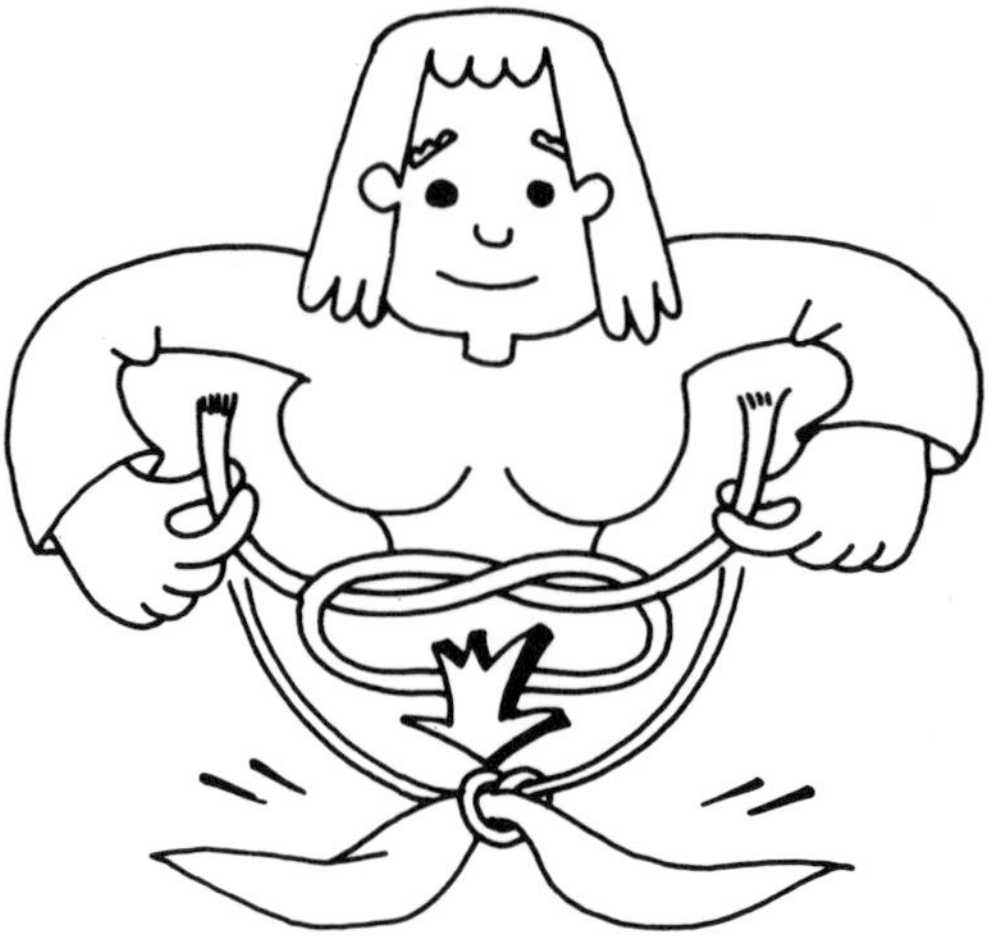

23　ハンカチの飛び込み

輪にしたロープを、ポーンと空中に投げると、輪の中に、目もあざやかな真っ赤なハンカチが飛び込んできます。

窓から突然鳥が舞い込んで来たようで、思わず、スゴイ！　の歓声があがる手品です。

用意するもの　一・五メートルくらいの柔らかな太いロープ、薄手の絹のハンカチ

準備　ロープの端にハンカチをからめて、小さく丸めて（①）、その丸めたハンカチを左手にかくし持ちます（②）。

演じ方　ここにロープが一本あります。

ロープの下端を右手に持ち（③）、両端を合わせて（④）一回結びます（⑤）。

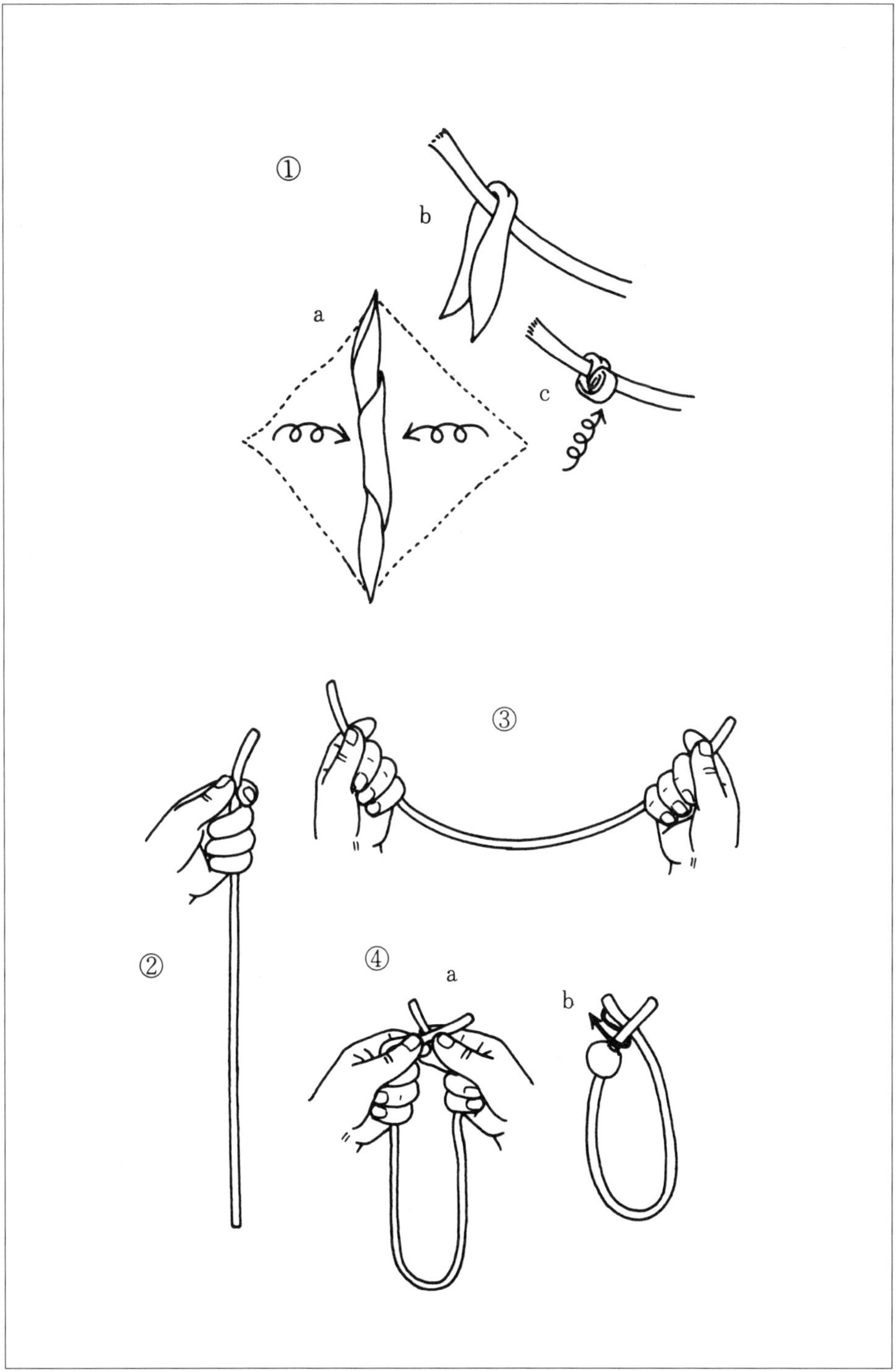
①
a
b
c
②
③
④
a
b

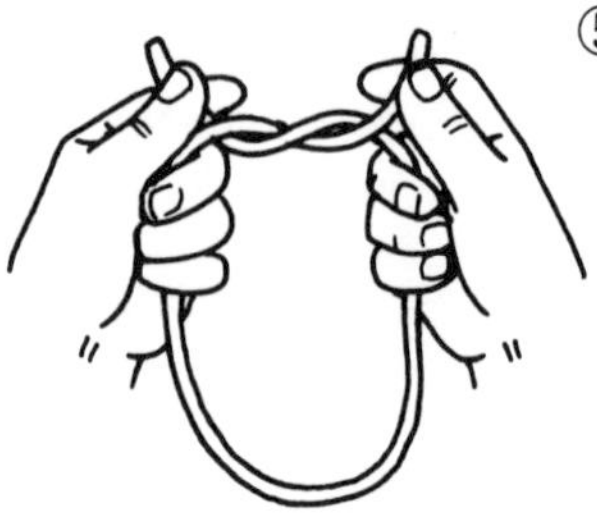

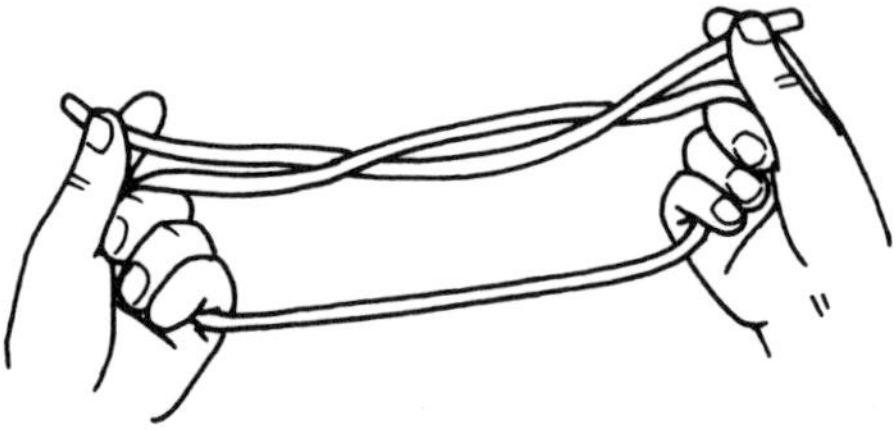

両端を親指と人差し指でしっかり持って、両手を左右に引いて、大きな結び輪にします(⑥)。

親指と人差し指以外の指をはなすのと同時に(このとき、丸めたハンカチもはなします)、両手を左右に勢いよく引きますと、ロープの真ん中の結び目に真っ赤なハンカチが飛び込んで来たように見えます(⑦)。

24　なくなる結び目

ひもの真ん中につくった結び玉に、フッ！　とひと吹きすると、ドロン！　と結び玉が消えてなくなります。手品だからよいものの、大事なものを包んだ風呂敷の結び目がひと吹きでとれてしまったらドッキリ！　冷や汗ものですね。

用意するもの　ひも

演じ方　ひもの真ん中を左手で持ち、右手で小さな輪をひとつつくります（①②）。輪を左手で持ってから、右手でもうひとつ輪をつくって（③）、ふたつの輪を重ねて持ちます（④）。

▲印のところをひとつずつ両手に持って（⑤）、引き出して蝶結びにします（⑥）。

結びをしっかりしめてから、輪の中に左手の

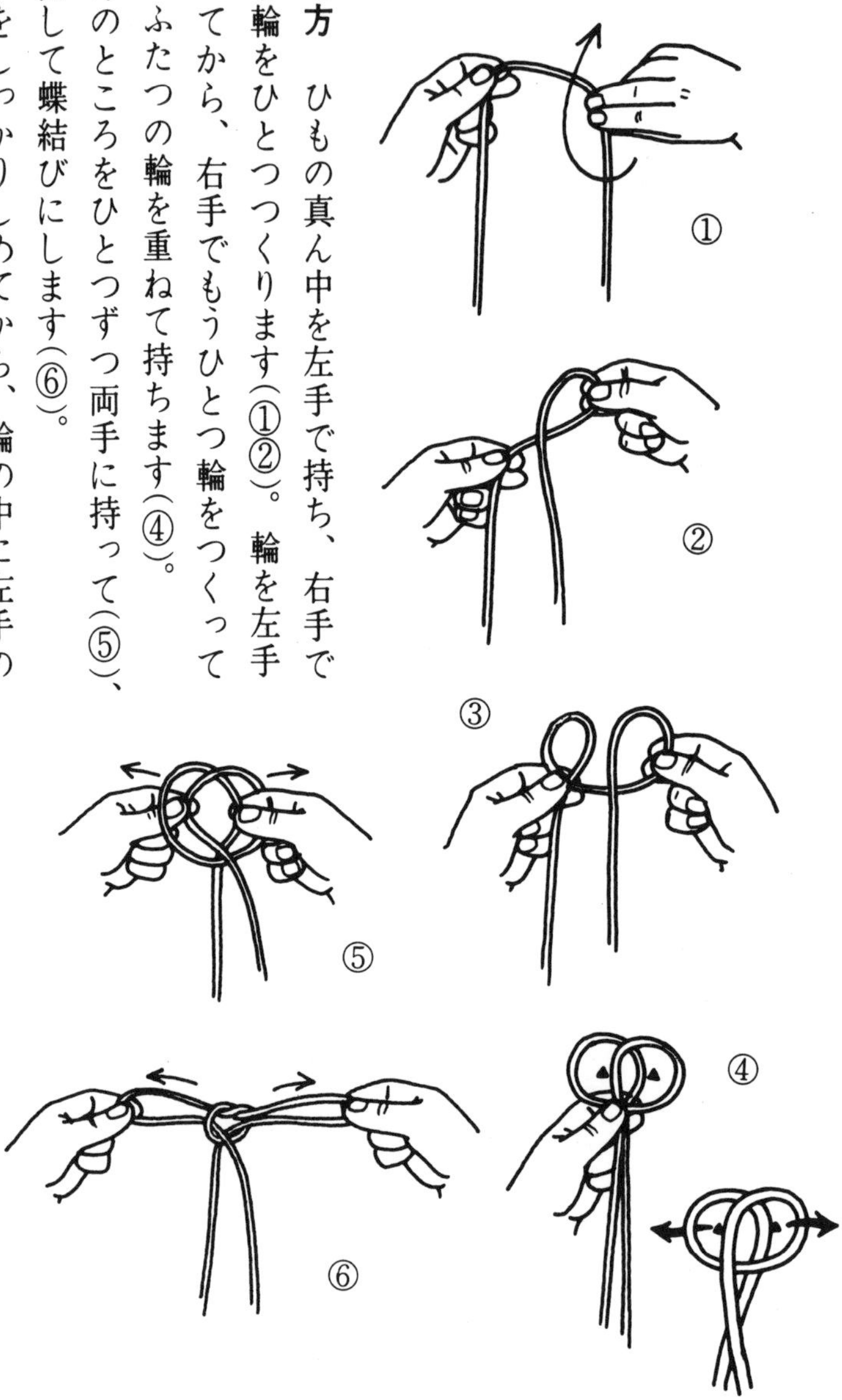

親指と人差し指を入れてひもをつまみ(⑧)、ひもの端を輪の中に通します(⑨)。

右手の方も同じようにして輪の中にひもの端を通します(⑩)。

ゆっくりとひもの両端を引いて輪をしめ、結び玉にします(⑪)。両端を引き過ぎると、結びが消えてしまいますので、かげんをしながら引いて、うまく結び玉ができるようにしてください。

⑦

⑧

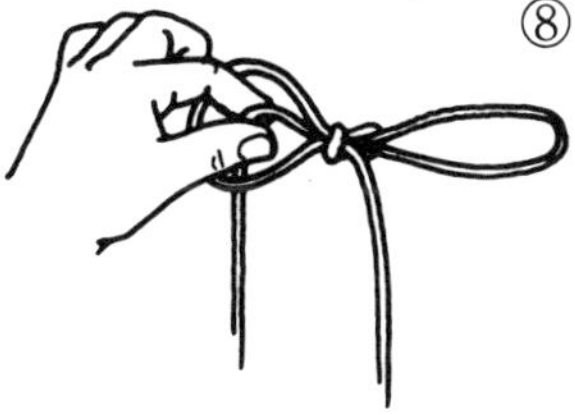

⑨

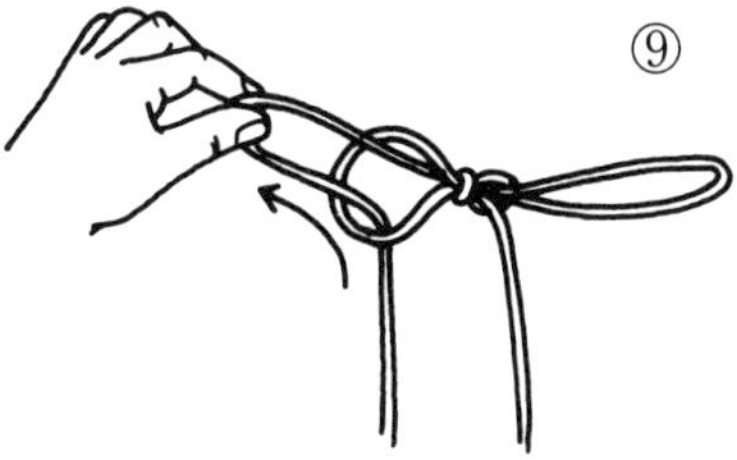

⑩

ひもの両端を持ちます。結び玉にフッと息を吹きかけて、左右に引っぱると結び玉が消えてなくなります(⑫)。

⑦〜⑩のひもの通し方をまちがえると、本当に結び玉ができてしまいますので、図をよく見て正しく

⑪

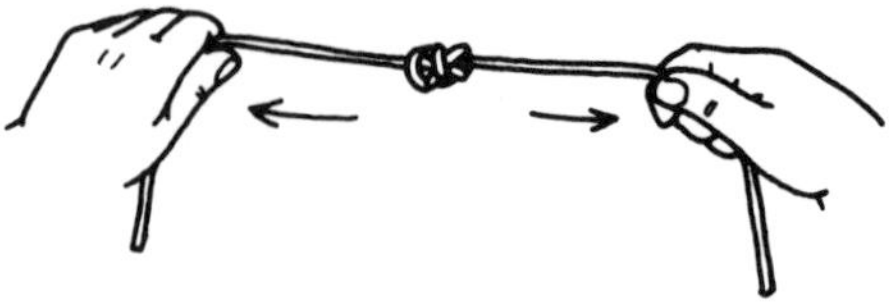

⑫

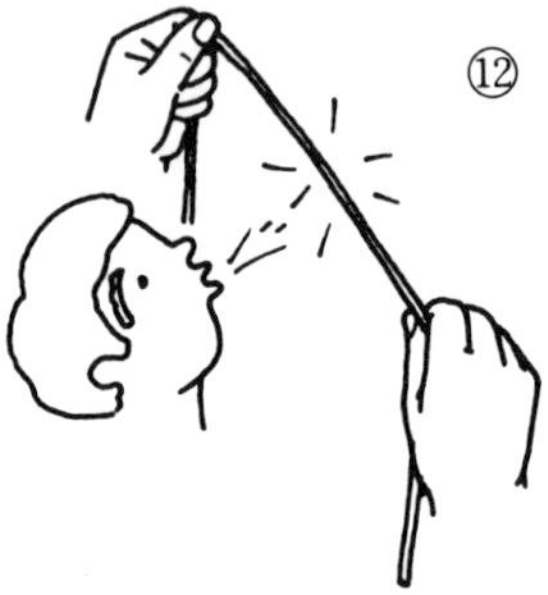

こうすると、ひもの真ん中から結び玉だけが取れちゃったという手品になります。

通してください。

※ 短いひもで結び玉をひとつつくり、これを左手にかくし持って（⑬）、先ほどの結び玉をひもの真ん中につくります。ひもの端を右手で持ち、真ん中の結び玉を左手で握ります（⑭）。

ひもの端を引っぱって結びを消し、同時に左手にかくし持っていた結び玉を見せます（⑮）。

⑬

⑭

⑮

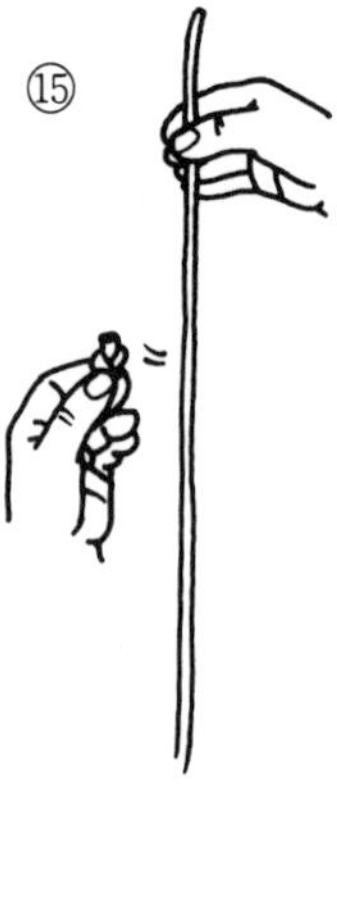

25　ひもの指切り

ひもを中指にからめて引っぱります。いたい！　と思った瞬間、ひもはスルーッと中指を通り抜けてしまいます。もう一度やると、こんどは薬指にとび移ってしまうのです。

無血の指切り手品は、血を見るのも弱い方に大歓迎されますよ。

用意するもの　書類の綴じひも

準備　ひもを①のように、中指の下に通してから手を握ります（②）。深く握ると、③のように中指の下に通っているひもが見えてしまうのでご注意。

演じ方　ひもの端を上、下と交互に引っぱって（④⑤）一本のひもを手で握っているように見せます。

次に、人差し指の方に出ている端を人差し指と中指の間に、小指の方に出ている端を中指と薬指の間にはさんで、⑥のようにひもを中指にかけたように見せます。

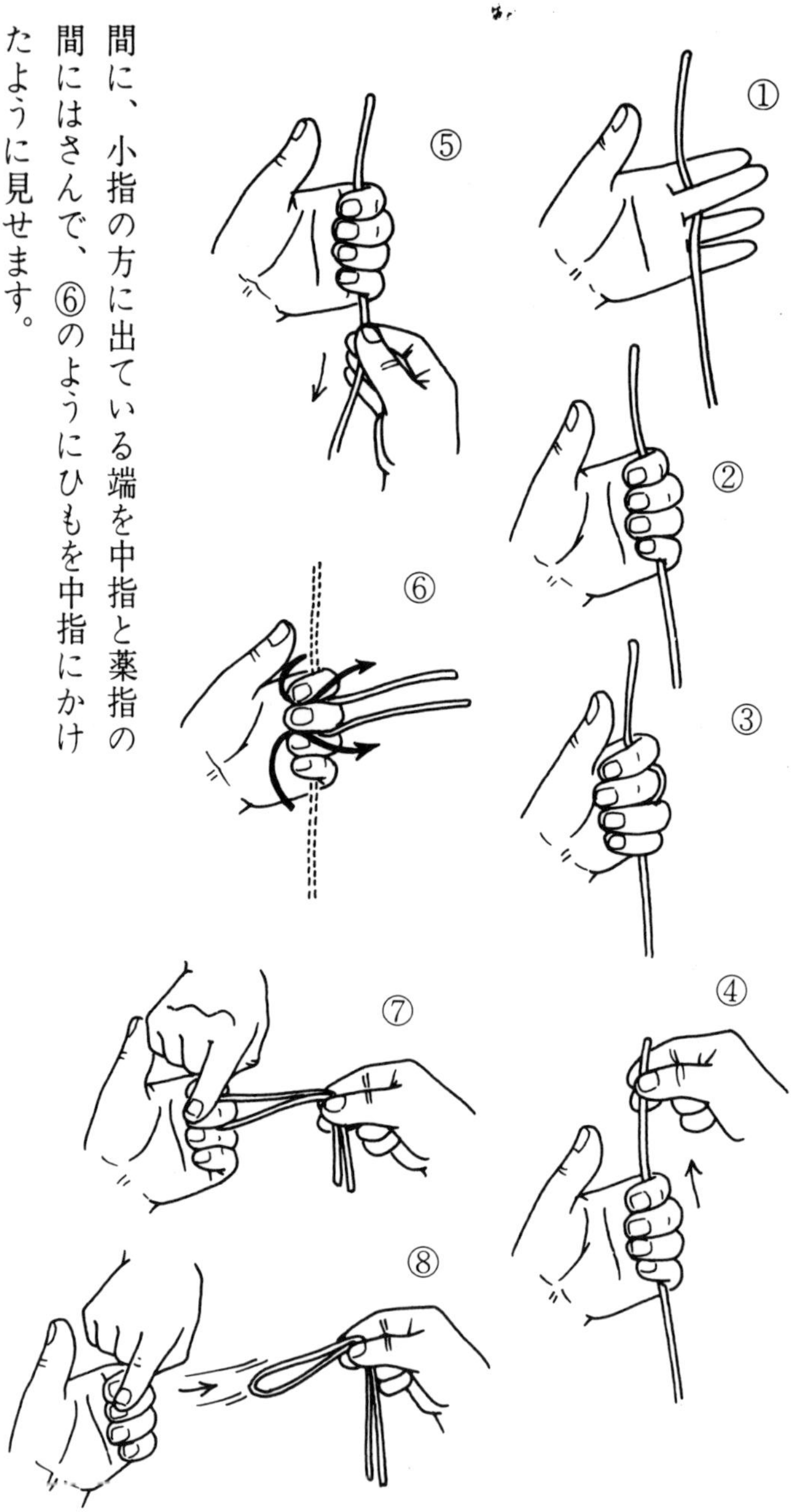

⑨

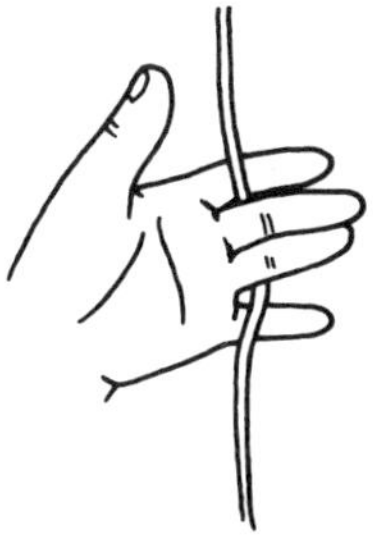

⑩

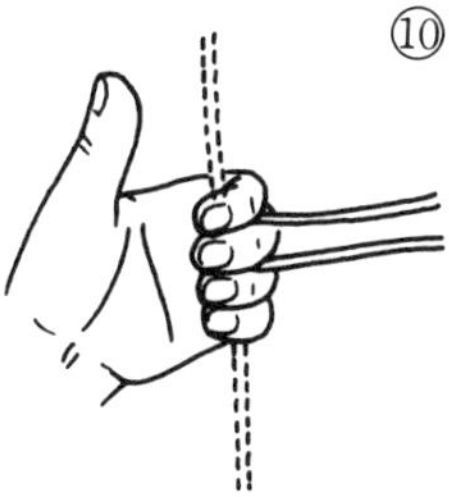

⑪

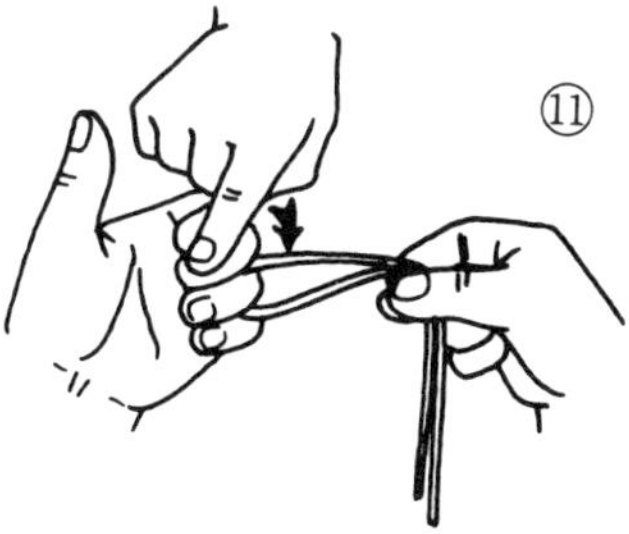

ひもの両端をそろえて右手に持ち、左手の中指の先を相手に押さえてもらいます(⑦)。

ひもの両端を引くと、ひもは中指を通り抜けてしまいます(⑧)。

前と同じようにひもを握りますが、こんどは⑨のように、中指と薬指の下に通してから手を握ります。

これは右手のかげかテーブルの下で、相手に悟られないように握ります。

ひもの端を上、下と交互に引っぱって、一本のひもを手で握っているように見せてから、⑩のようにひもを中指にかけて、ひもの両端をそろえて、右手に持ちます。

ひもの両端を引くと、ひもは中指を通り抜けて、薬指の方にとび移ってしまいます。

26　ひものペンダント

ひもの両端を、両手に持ちます(①)。②~⑤のようにして、ひもを両手首にからませます。

両手首にかかっているひもを、ひもの両端をはなさないようにはずしてみましょう。

ほら、ひもの真ん中に結び目が！　不思議です。

用意するもの　一・五メートルくらいの長さのひも

演じ方　からめたひもを手首からはずしたように見せながら、右手は次のような秘密の動作をします。

手首を倒してからめたひもを、手首からはずしながら(⑥)、▲印のところを右手の指で握って持ち(⑦)、かわりに端(A)をはなします(⑧)。親指と人差し指で持っているからめたひもを手首からふり落とすと、真ん中に結び目ができます(⑨)。

秘密の動作は、⑥~⑧のように、手のかげで行なわれているので、相手に悟られる心配は

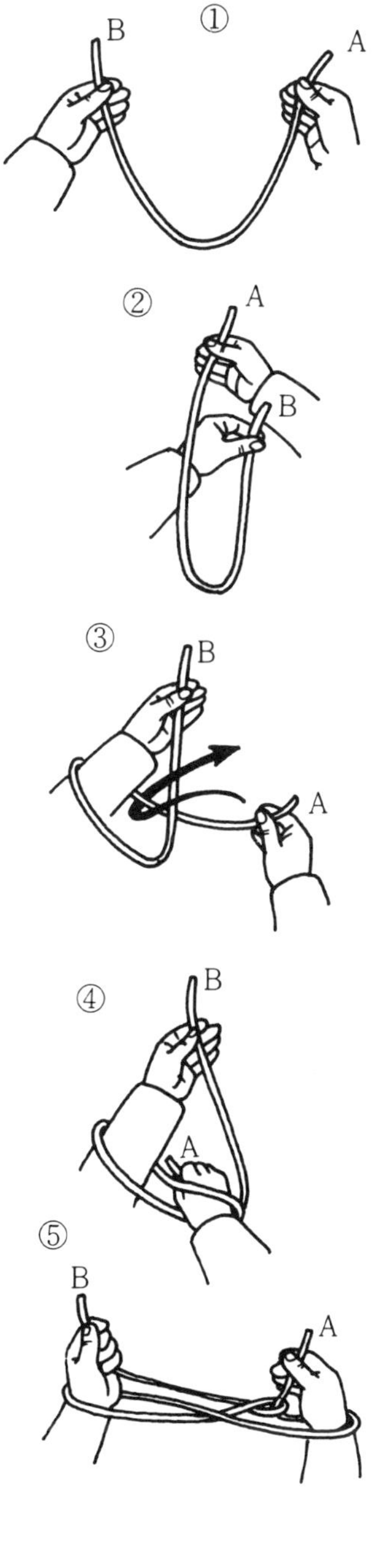

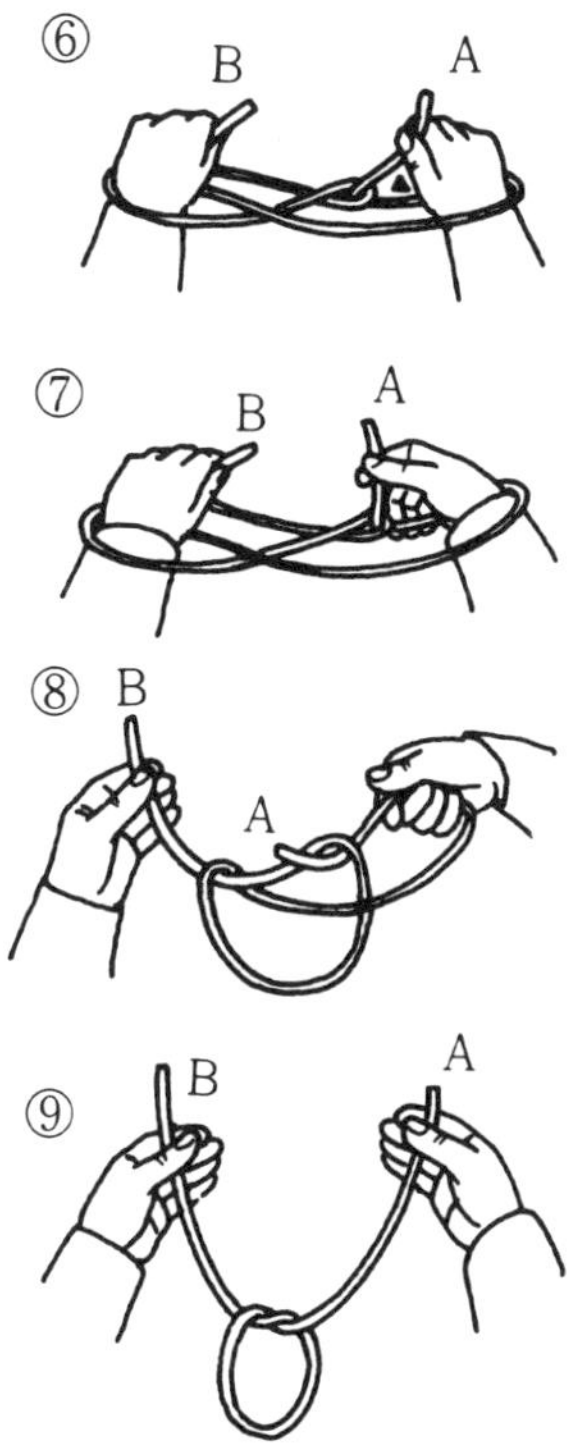

ありませんが、できるだけスムーズに持ちかえることがコツです。

参加者全員にやっていただきましょう。とてもなごやかな雰囲気になる手品です。

27 解ける輪

ひもを持ったら、図のような二つの輪をつくり、端を何回もからませます。
さあ、両端を持って左右に引いてみましょう。輪がスルッとほどければ成功。これは頭の体操になる手品です。

用意するもの　ひも一・五メートル

演じ方　ひもを結んで①のような二重の輪をつくります。この結び方をまちがえると、スルッとほどけるはずが、ギュッと結ぼってしまうので、②を見ながら正しく結んでください。

輪ができたら、Bの端を相手に持ってもらって、上の輪を③のように左手でつまみます。

Aの端を④の矢印のように下の輪にくぐらせて、

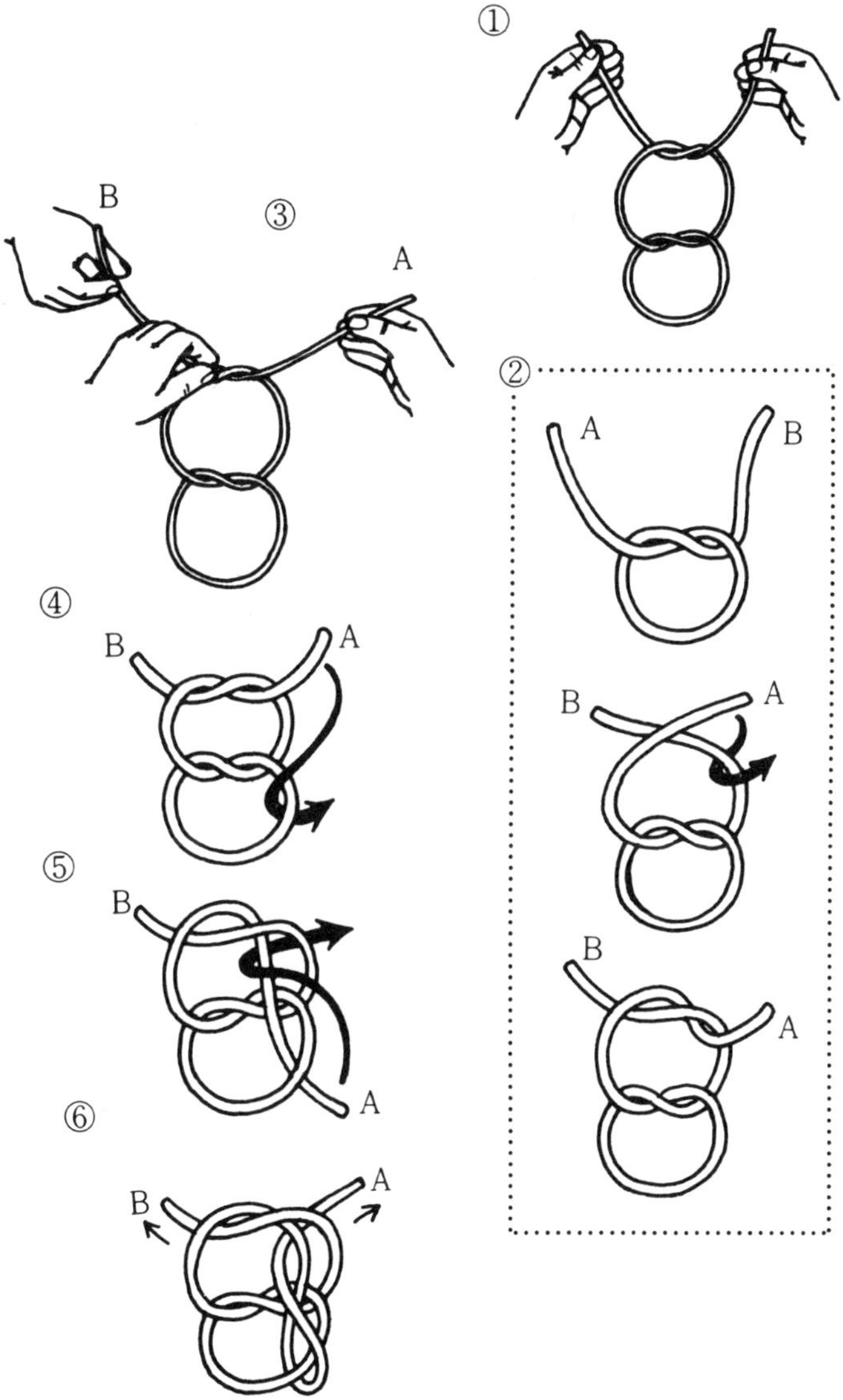
①
②
A
B
B
A
B
A
③
B
A
④
B
A
⑤
B
A
⑥
B
A

さらに⑤⑥と上の輪にくぐらせます。

　ひもの両端をもって左右に引きはなす瞬間、ますますからんでしまうので、ひやひやしたかと思うと、スルッ！ときれいにほどけて一本のひもになるので大かっさい。

　二つの輪をつくるときの結び方やAの端のくぐらせ方をまちがえると、ひもは複雑にからまってしまうので、いく通りかの結び輪をつくっておいて、「ほどけるのはどのひもか？」といったパズルに応用しても楽しいですよ。

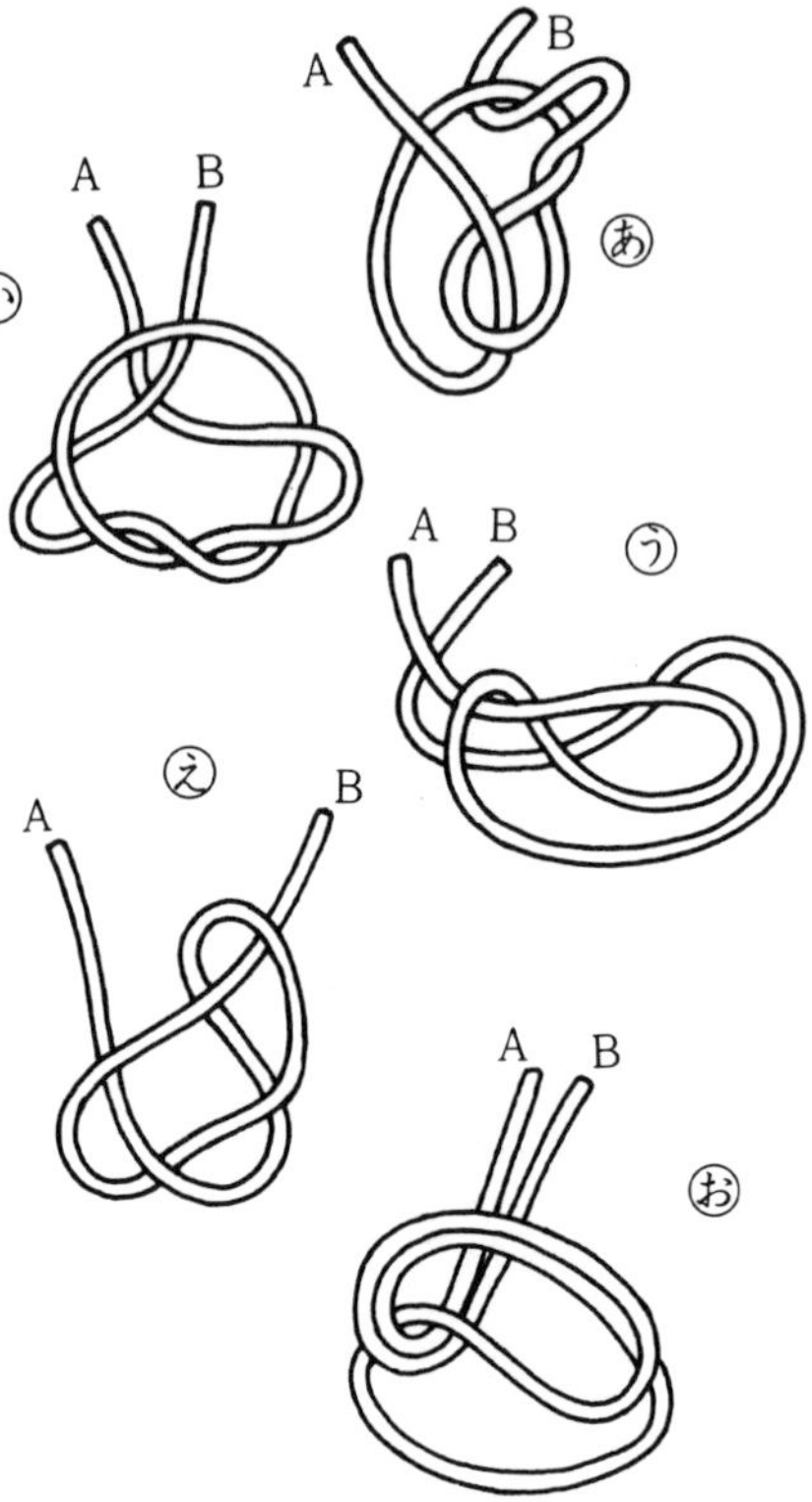

㋐～㋔の中で、AとBの端を左右に引っぱった時に、結び目のできるひもは何番のひもでしょうか。

〈答え・㋓〉

28 切っても元通り

一本のひもを結んで二つの輪をつくります。はさみでプツン、プツンと輪を切って、ひもを三つに切り分けますが、呪文を唱えると、ほら、元通りの一本です。おいそれと「切り捨て御免」にはなりませんよ。

用意するもの　ひも、はさみ

演じ方　ひもを結んで、①のような輪をひとつつくります。このとき、縦結びにならないように、必ず結び目が横になるようにしてください。

もう一方の端も同じように結んで、輪をふたつつくります(②)。大きなめがねができました。

つぎに、ひもの輪をはさみで切ります。切るところは③のようにひもの端が出ている側の方です。まちがっても④のようには切らないでください。

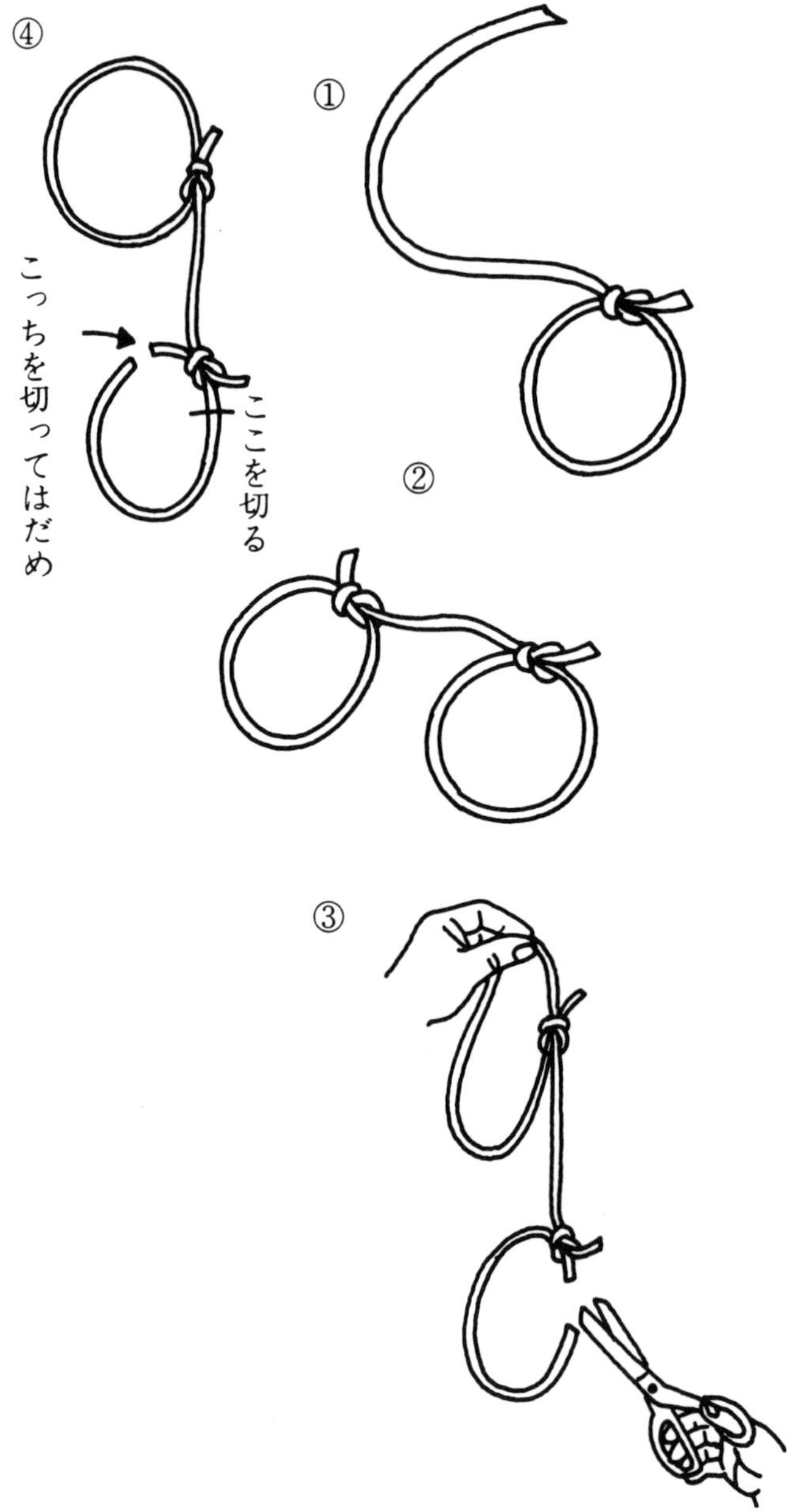
①
②
③
④
こっちを切ってはだめ
ここを切る

同じようにもうひとつの輪も切って(⑤)、両端を両手に持ちます(⑥)。

ワン・ツー・スリー！　かけ声をかけて、両手を左右に勢いよく引くと、結び玉が空中に飛び出してはずれ、リボンは元通りの一本になります(⑦)。

縦結びに結んだり、④のように切ったりしますと、本当に三本バラバラという結果になりますから、気をつけてください。

⑤

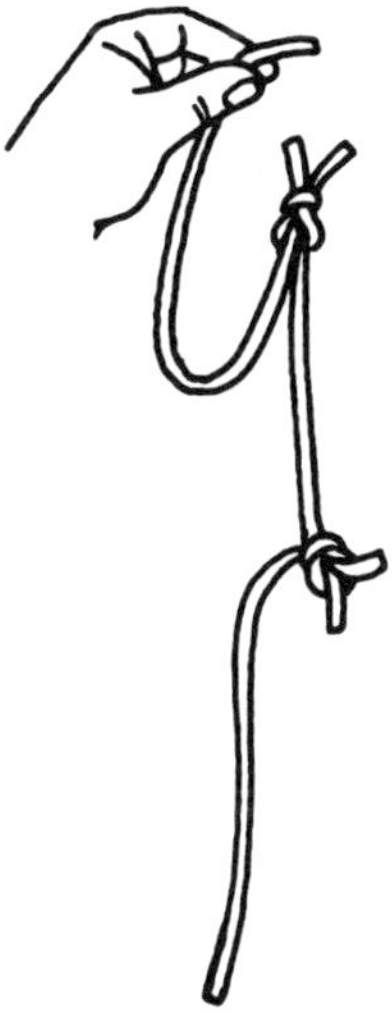

⑥

⑦

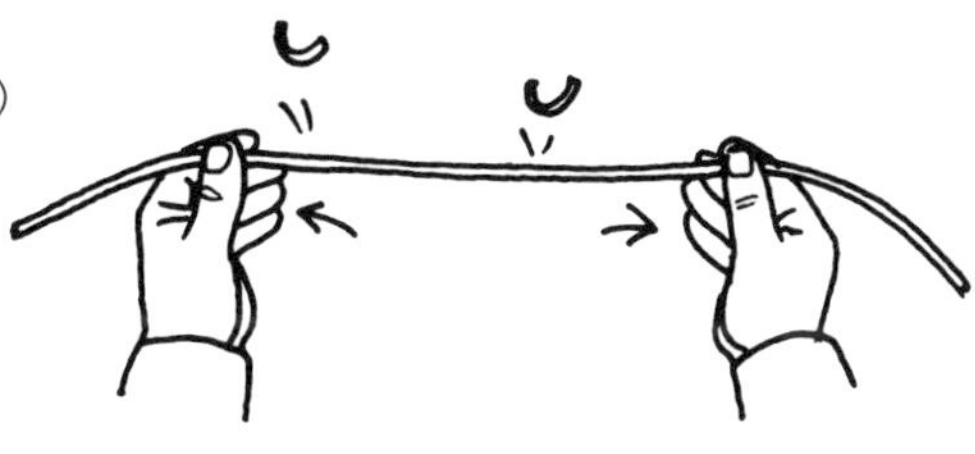

29　復活するロープ

ロープの真ん中をはさみでチョキン！　と切ったのに、元通りの一本になるから不思議です。

一本のひもとはさみさえあれば、いつでもどこでも神秘的な復活現象を楽しめます。

用意するもの　長さ一・五メートル、直径一センチメートルで白くてしなやかなロープ一本（中太の糸で袋状に編んだロープがあれば最高）

演じ方　ロープを持って、仕掛けのない普通のロープであることを見せてから、両端を結んで輪にします（①）。

結び目が手の平の方になるように、ロープの輪を左手にかけます。この時、結び目の位置を、真ん中よりやや上にします（②）。

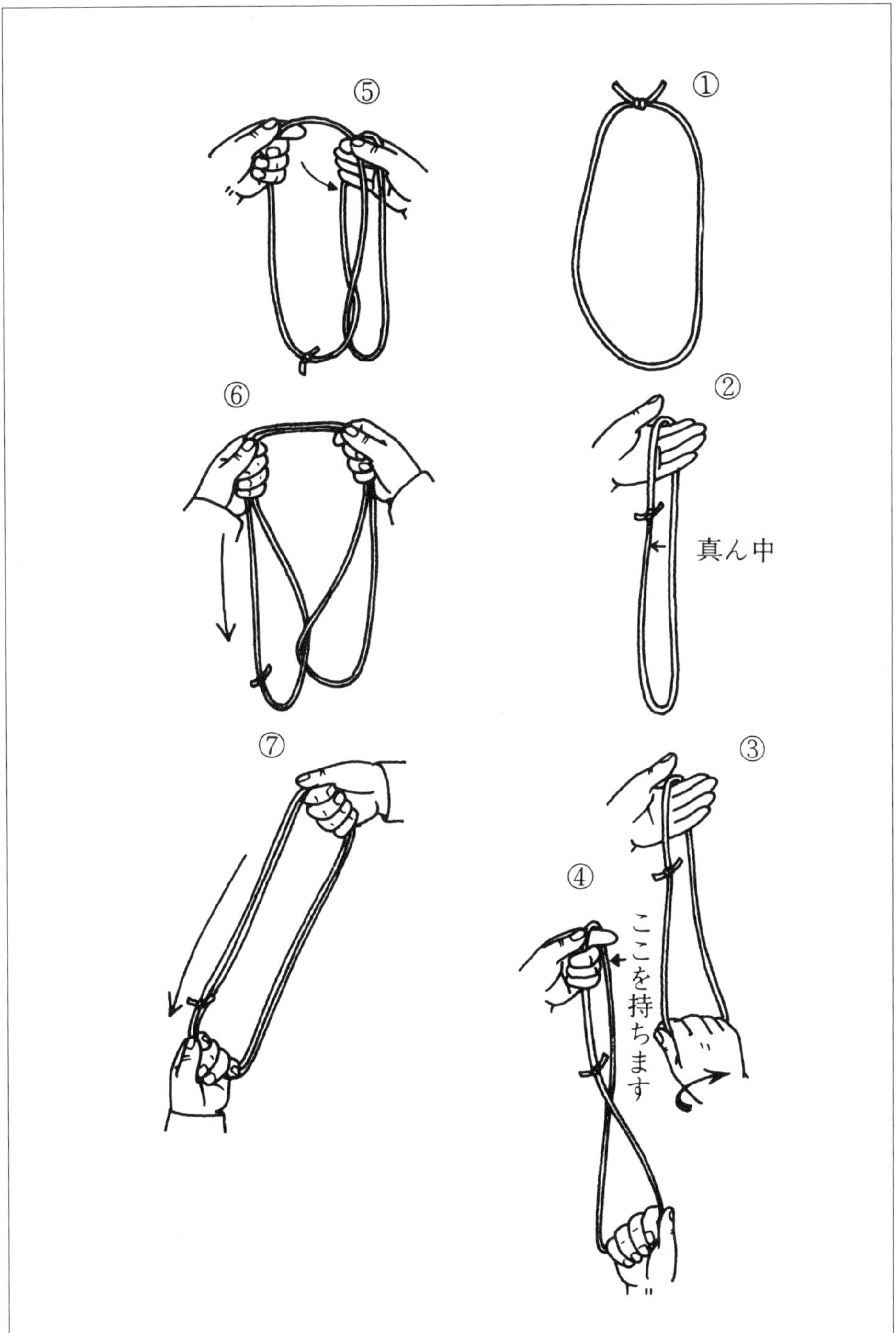
①
②
真ん中
③
④
ここを持ちます
⑤
⑥
⑦

ロープの輪の下を、③のように右手で持ち、右手を矢印の方向にひねって、ロープを④のようにひねってから、右手を上にあげて、左手にかかっているロープを持ちます(⑤)。左手の甲側になっているところを持ってください。

左手で右手の甲側のロープ(⑤の↓印のところ)を持ちます(⑥)。

同時に、左手で二本いっしょにしごいて、ロープがからみ合っているところを握ってかくします(⑦)。

右手をロープからはなして(⑧)、はさみをとり、結び目のすぐ前のところで、二本いっしょに切ります(⑨)。

⑧

⑨

⑩

⑪

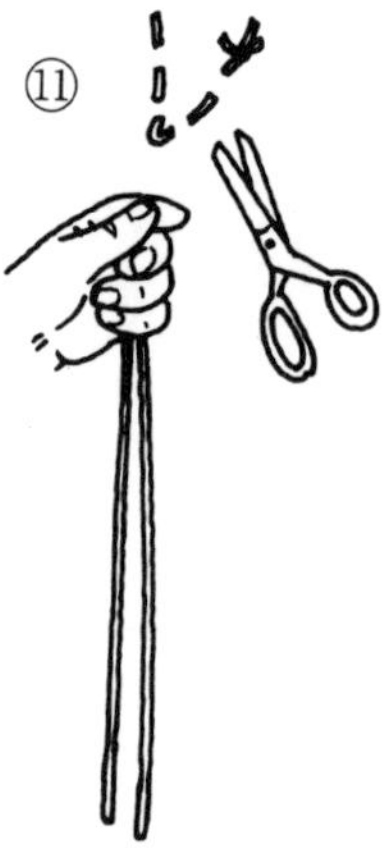

ロープは二本に切りはなされたように見えていますが、本当は⑩のように短いロープが長いロープにからまっているのです。

左手の上に出ている短いロープを、はさみで少しずつ切りきざんで落とします(⑪)。

ロープの一本を右手で持ち(⑫)、左手でロープをたぐって⑬のようにジグザグに握ります。

右手でロープを右の方に引きながら(⑭)、左手を開いて、ロープがつながって一本になったことを見せて終わります。

⑫

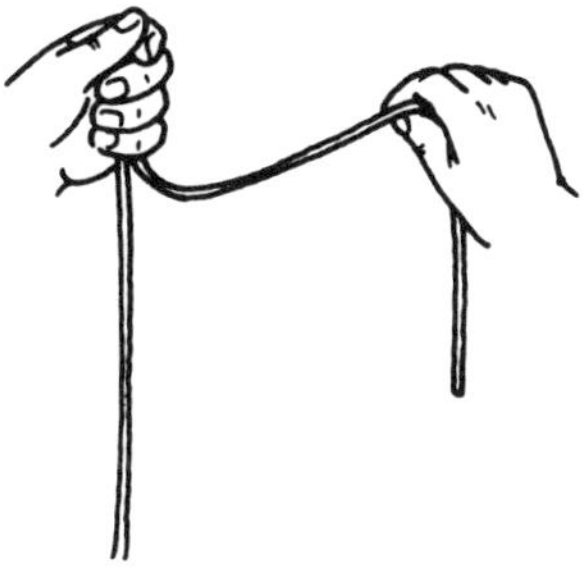

⑬

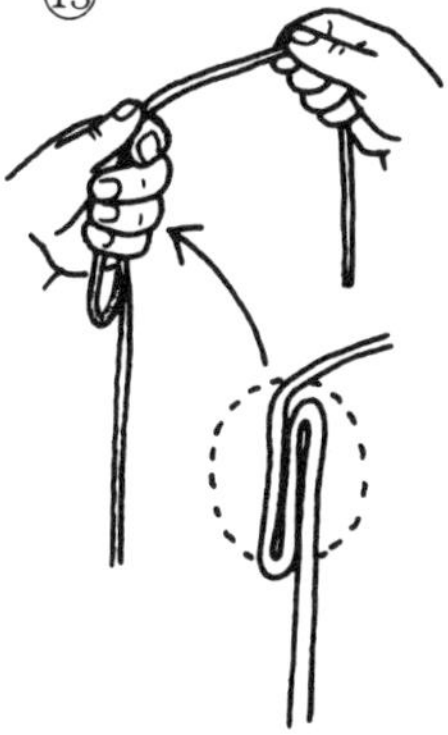

⑭

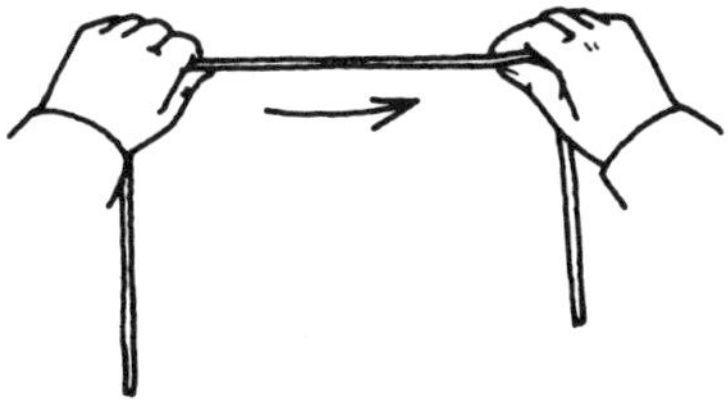

30　消える十円玉

ハンカチを折って、①のような三角の袋をつくります。

この中に十円玉を入れてもらいます。

ワン・ツー・スリー！　号令をかけてハンカチを開くと、入れたはずの十円玉は影も形もありません。

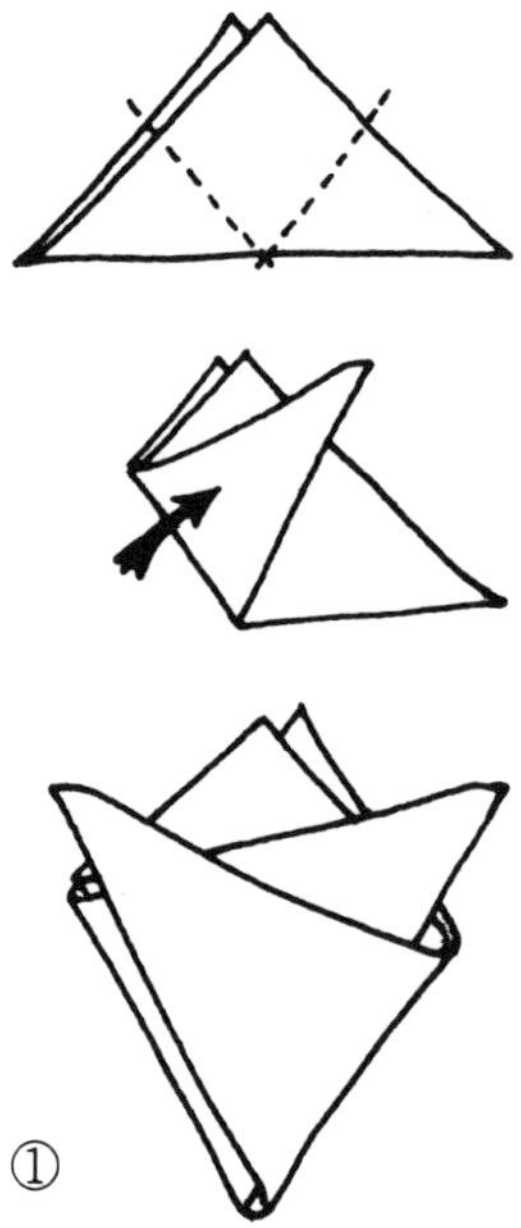

うたたねをしている人にでも百円玉を入れてもらうようにしてみてはどうでしょう。「ぼくの百円玉がなくなった……」とあわてふためいて、眠気覚ましになりますよ。

用意するもの　ハンカチ一枚、十円玉一枚

演じ方　①のようにハンカチを折ったら、アとイの端をつまんで持ちます(②)。ウとエの端を開いて、ハンカチの袋の中に十円玉を入れてもらいます(③)。

ワン・ツー・スリー！号令といっしょにアとイの端を、勢いよく左右に引いて、④のようにハンカチをピーンとはりますと、十円玉はハンカチのひだの中にとまって、消えてなくなったように見えます。

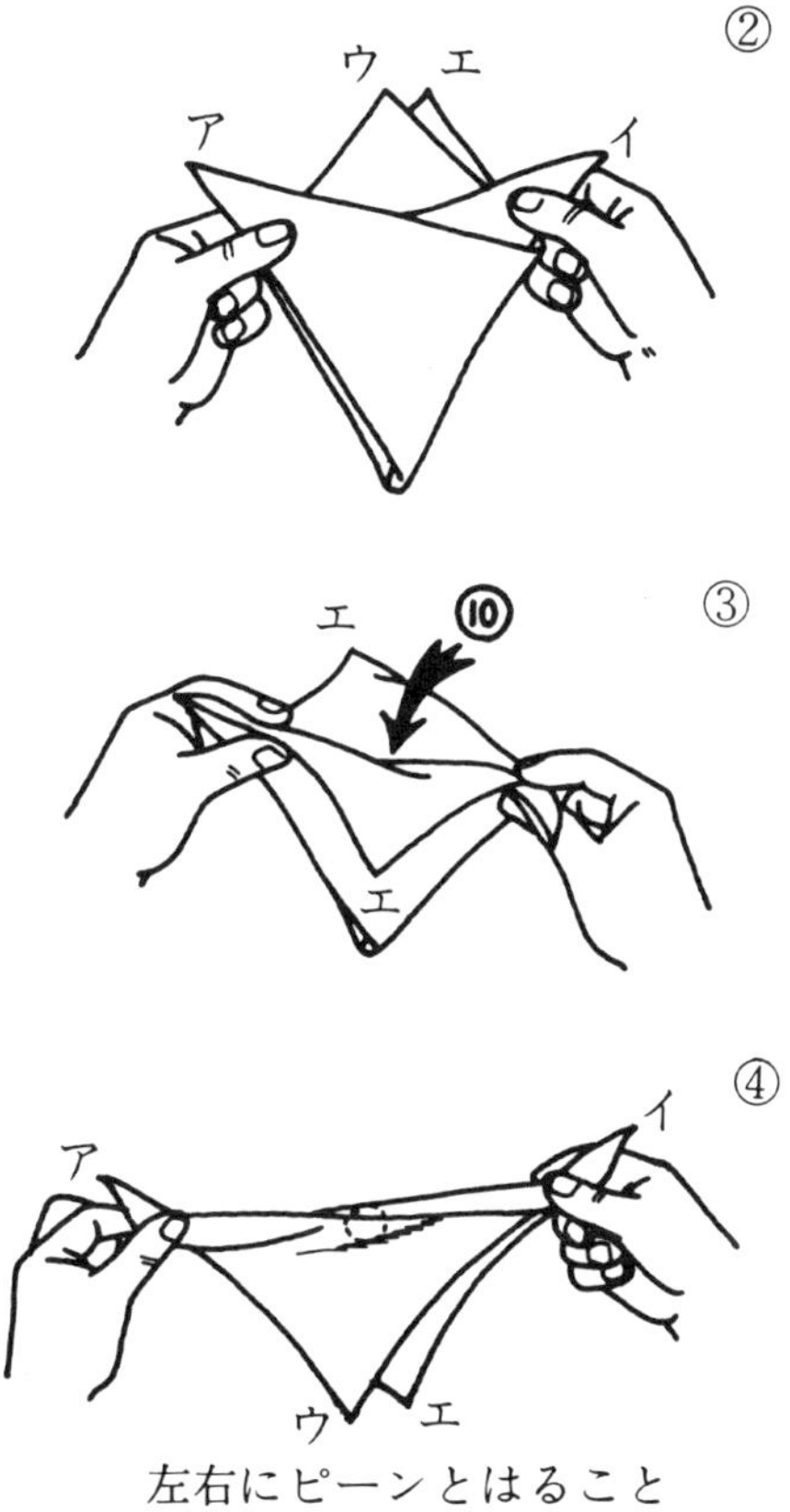

左右にピーンとはること

31　魔法のハンカチ

クルクルと巻いたハンカチの真ん中に一つの結び目をつくったら、お友だちに持ってもらいましょう。エイッ！　と気合いをかけたら、お友だちにハンカチの結び目をほどいてもらいます。するとハンカチの中から十円玉が現われ、魔法のジュウタンならぬ魔法のハンカチです。

用意するもの　ハンカチ、十円玉

演じ方　ハンカチのすみを両手で持って友だちに見せます(①)。この時、②のように右手親指で十円玉をかくして持ちます。

左手をはなして(③)、ハンカチを三角に折ってから、アと対角線にあるウの端を左手に持ちます(④)。ハンカチを軽くクルクルと巻いて(⑤)、両手を近づけます。すかさず、右手親

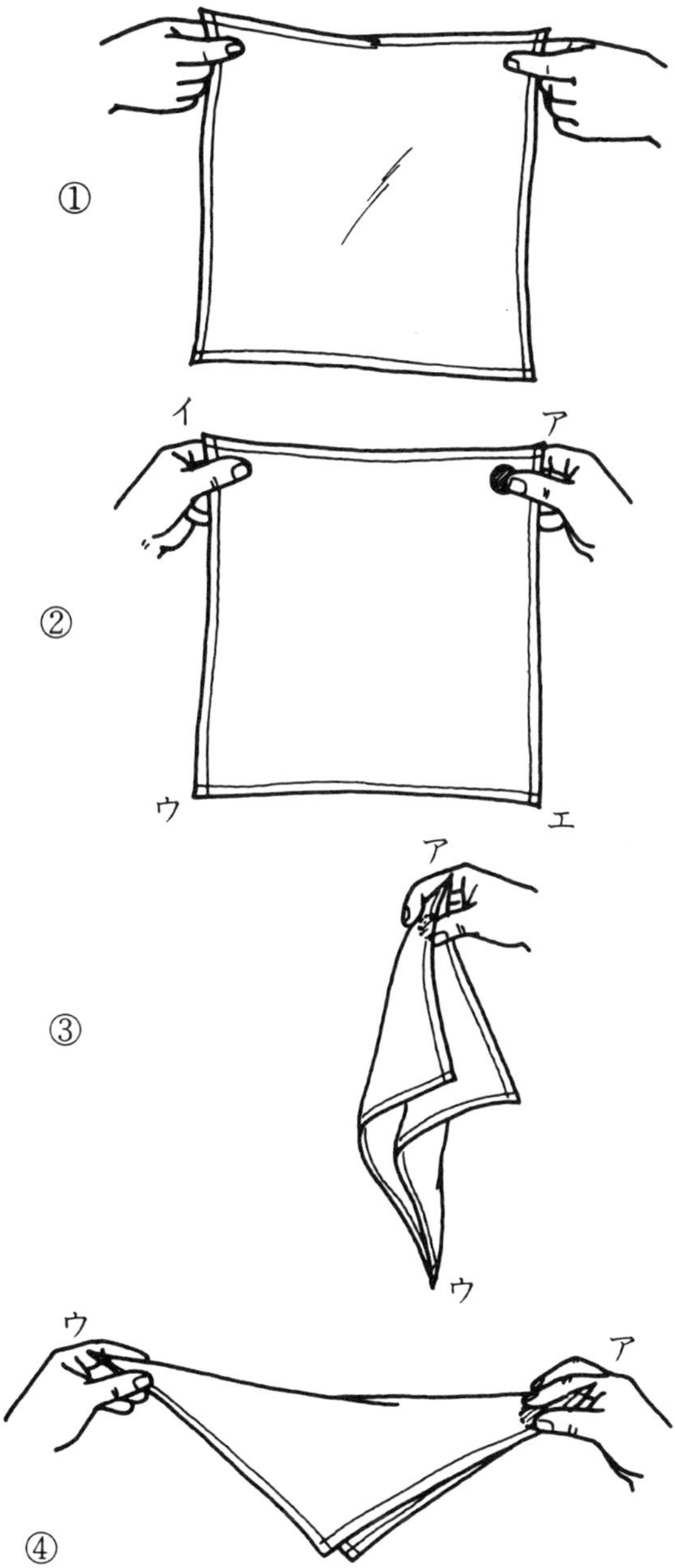

⑤

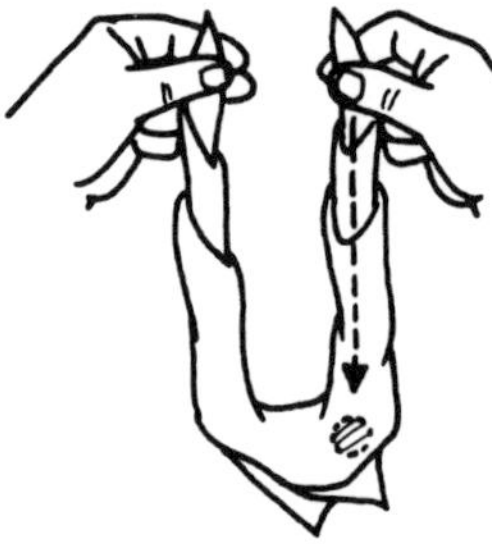

⑥

⑦

指で押さえていた十円玉をはなすと、十円玉はハンカチの筒の中を通って、真ん中にすべり落ちます（⑥）。ハンカチの真ん中を結んで、友だちに持ってもらいます。こうすればハンカチを振っても、十円玉は結び目の中におさまっているので安心ですね（⑦）。

空気をグイッとつまんでパッとハンカチの結び目に投げ込むゼスチュアをします。ハンカチを開いてもらうと、十円玉が登場します。

32

消えた結び目

ハンカチの両すみを、友だちにしっかりと結んでもらいます。

そしてこの結び目をハンカチの真ん中に入れて、また友だちに持ってもらいます。

ワン・ツー・スリー！　号令をかけてハンカチをひと振りしますと、むすんだはずの結び目が消えてなくなります。

用意するもの　ハンカチ一枚

演じ方　両端を①のように持ち、右手の端を左手の端の上に重ねて、交差したところ（×印）を左手の親指でおさえます（②）。右手を下にすべらせて、×印より五センチくらい下を持ち（③）、ここを手前から×印のところにかけます（④）。

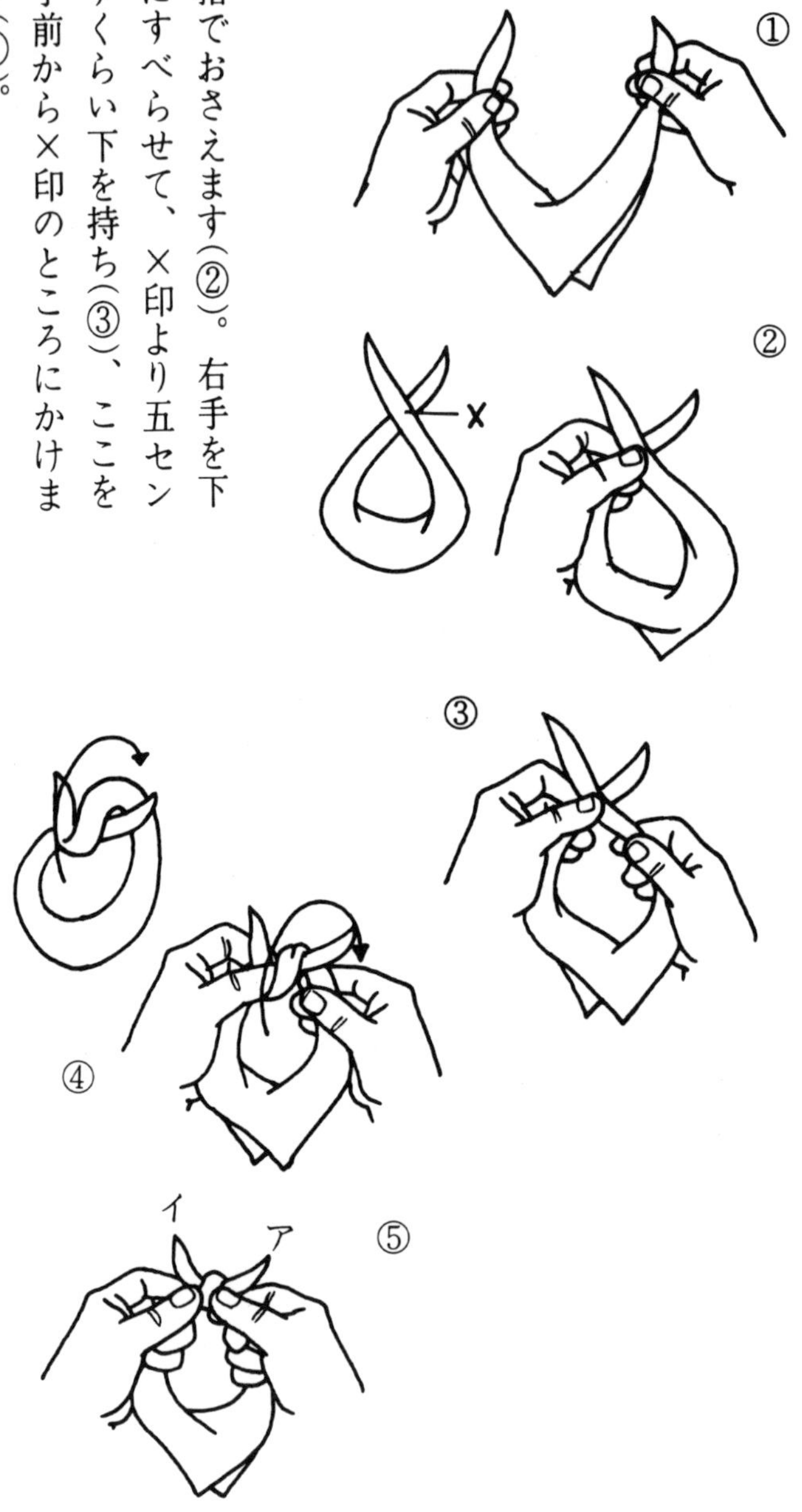

かけたところを両手の親指でしっかりおさえてから（⑤）、ア・イの両端を友だちに結んでもらいます（⑥）。たれ下がっているところを、手前から結び目にかけ（⑦）、これを友だちに持たせて左手をはなします（⑧）。下がっている端のひとつを持ってひと振りすると、結び目はほどけてなくなります（⑨）。

⑥

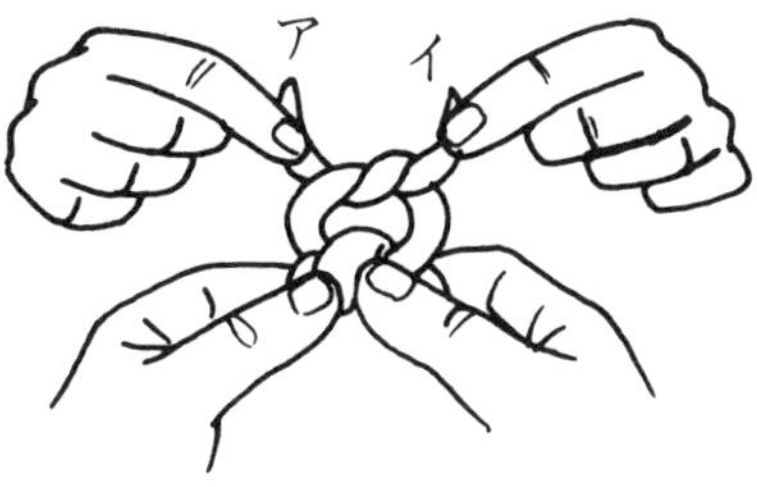

⑦

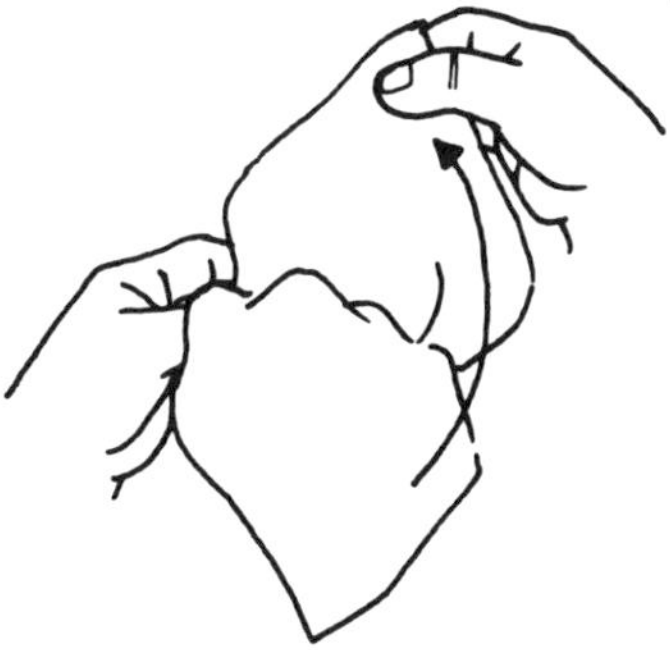

⑧

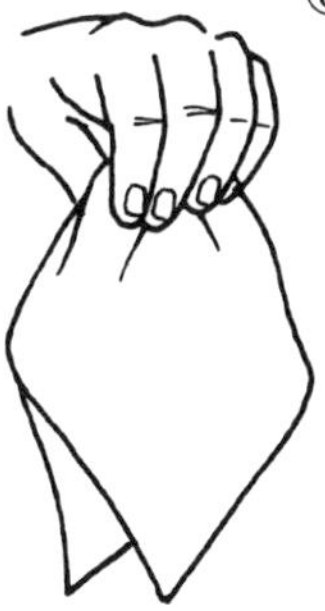

⑨

※　うまく結び目がほどけにくいときには、⑩のように、左手でハンカチをしごけばよろしい。

C

手先が器用になる手品

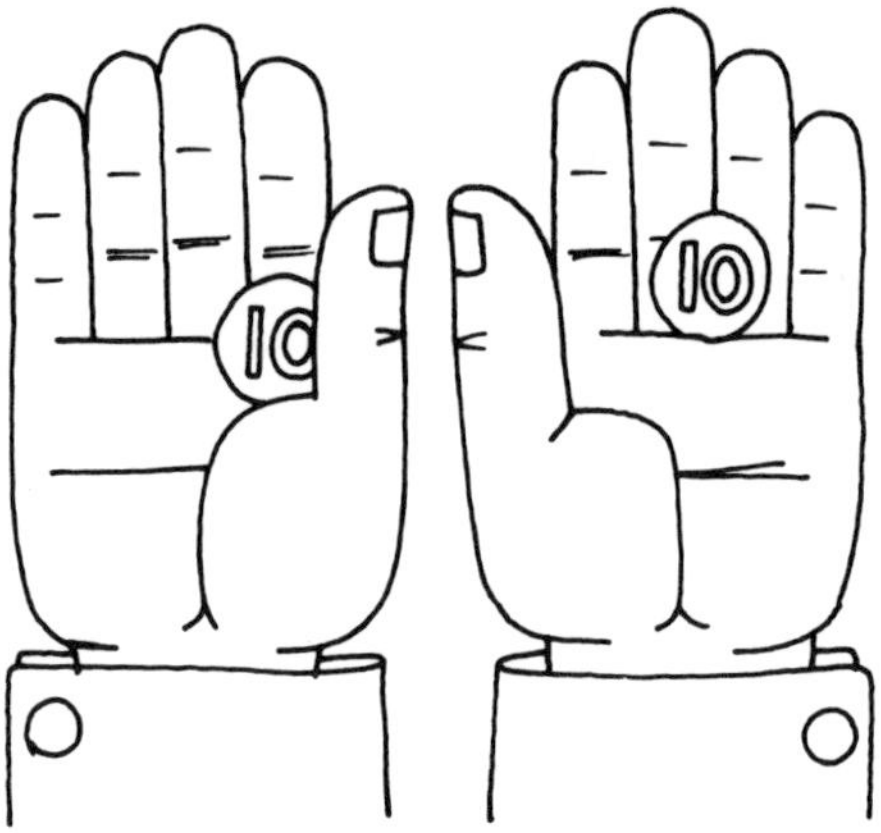

33　コインを隠し持つ（パーム）

相手にわからないように、コインを隠し持つことができると、なにもない空中からコインを取り出したり、手に持っているコインを消したり、いろいろと不思議なことをすることができます。

コインを隠し持つことは、コインを使った手品の大切な基本技法のひとつですから、説明をよく読んで十分に練習してください。

手の中にコインを隠し持つことをパームといいます。

パームの代表的なものにフィンガー・パーム、サム・パーム、ダウンズ・パームがあります。

注　コインは、百円玉、十円玉をつかってください。

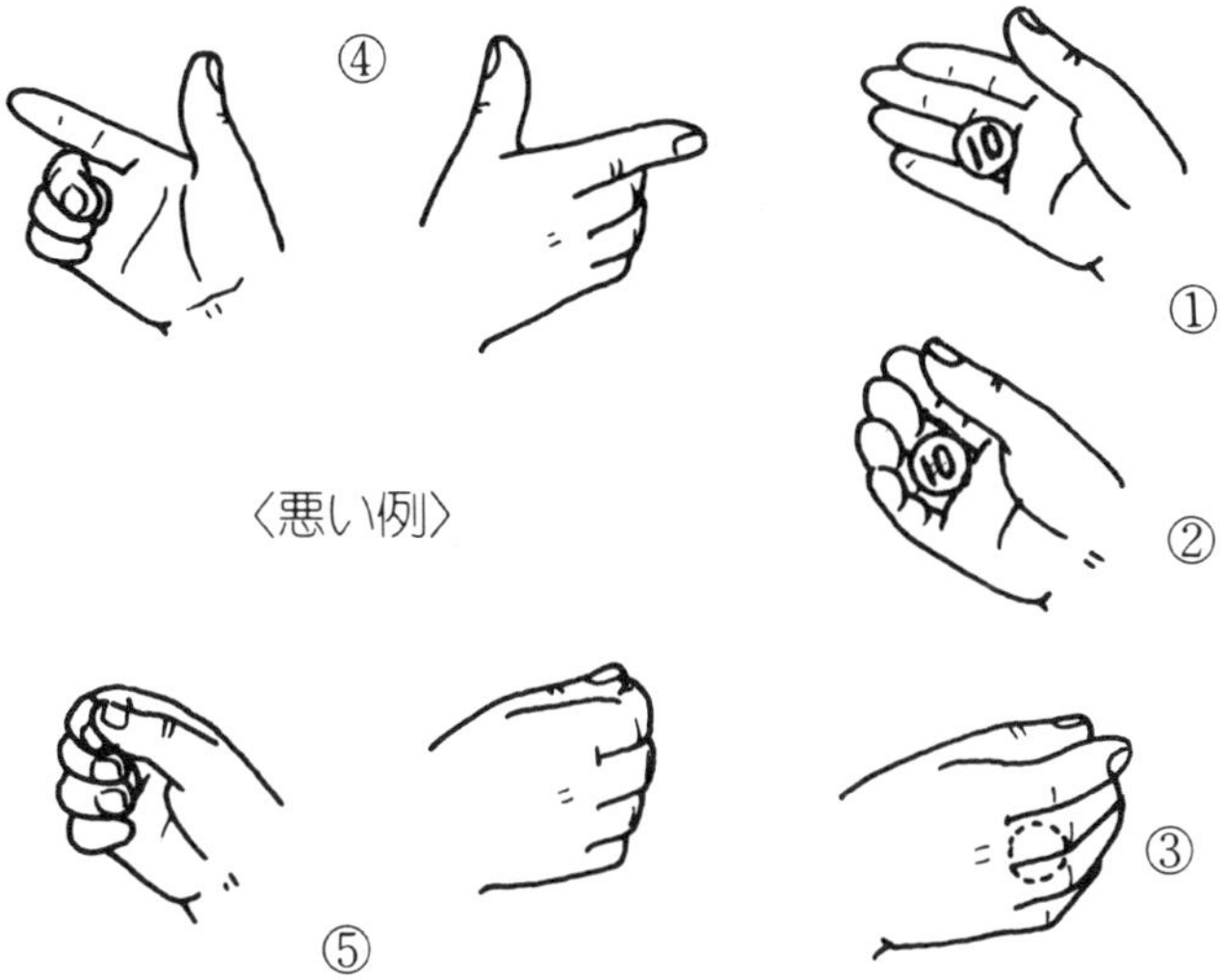

34　フィンガー・パーム

これは、中指と薬指でコインを隠し持つやり方で、応用範囲の広い技法です。

コインを中指と薬指のつけ根におきます（①）。

指を軽く曲げて、このコインを持ちます（②）。

手の力を抜いて、指を自然に曲げた形にします（③）。

親指や人差し指を不自然にのばしたり（④）指を曲げすぎて握りこぶし（⑤）にならないように。

35 サム・パーム

これは①のように、親指のつけ根でコインを隠し持つやり方です。

手の力を抜いて、指を自然に曲げた形にします。親指をそらしたり(②)、内側に曲げたり(③)しないように。

つぎに指先に持ったコインをサム・パームする練習をしましょう。

コインを親指と人差し指、中指の先で持ちます(④)。

親指をコインからはなし、人差し指と中指の上にコインをのせます(⑤)。すぐに人差し指と中指を曲げて、コインを親指のつけ根に押しつけます(⑥)。

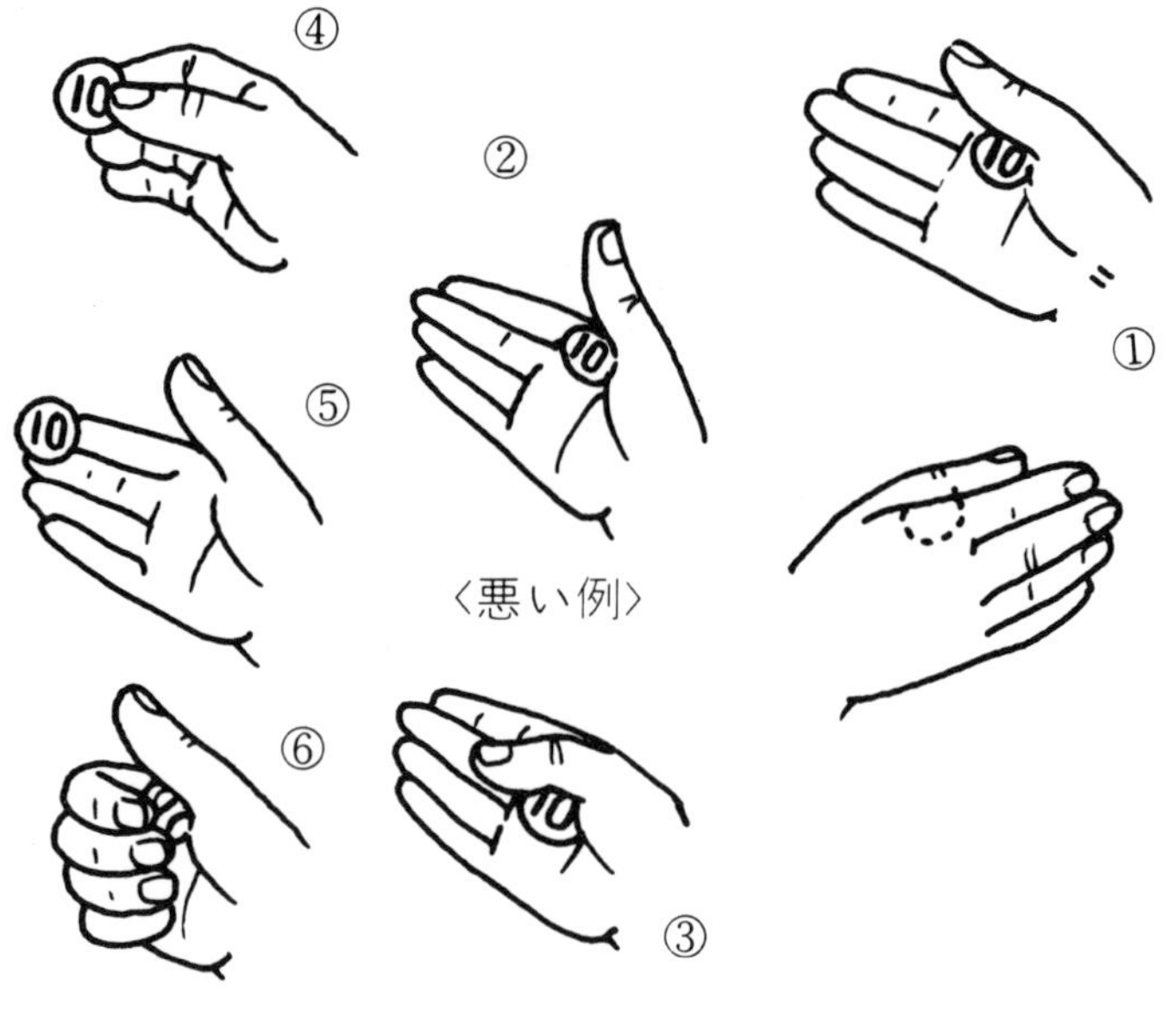

親指のつけ根でコインの端をはさみ(⑦)、人差し指と中指をのばしてサム・パームします(⑧)。

※　人差し指と中指の先ではさんだコインを、⑨〜⑫のようにサム・パームすることもできます。

手を無理にピーンとのばしたり、親指を内側に曲げないように(⑬)、できるだけ自然な形でサム・パームしてください。

⑦

⑧

⑨

⑩

⑪

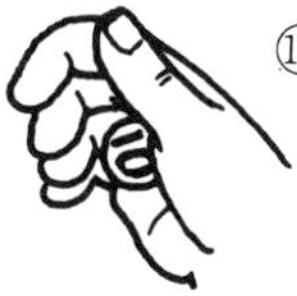

⑫

⑬

36 ダウンズ・パーム

この技法は、アメリカのネルソン・ダウンズの名前をとったもので、サム・パームと同じように親指のつけ根で十円玉を隠し持ちますが、手の甲側はもちろん、手の平側からも持っている十円玉が見えません。

なれてくると四、五枚の十円玉を持つことができますから、空中から一枚ずつ何枚も何枚も十円玉を取り出すときに、大変重宝な技法です。

演じ方 ①のように、親指のつけ根で十円玉を平らにはさんで持ちます。

手の力を抜いて指を軽く曲げ、親指と人差し指、中指の先をつけるようにします。②は

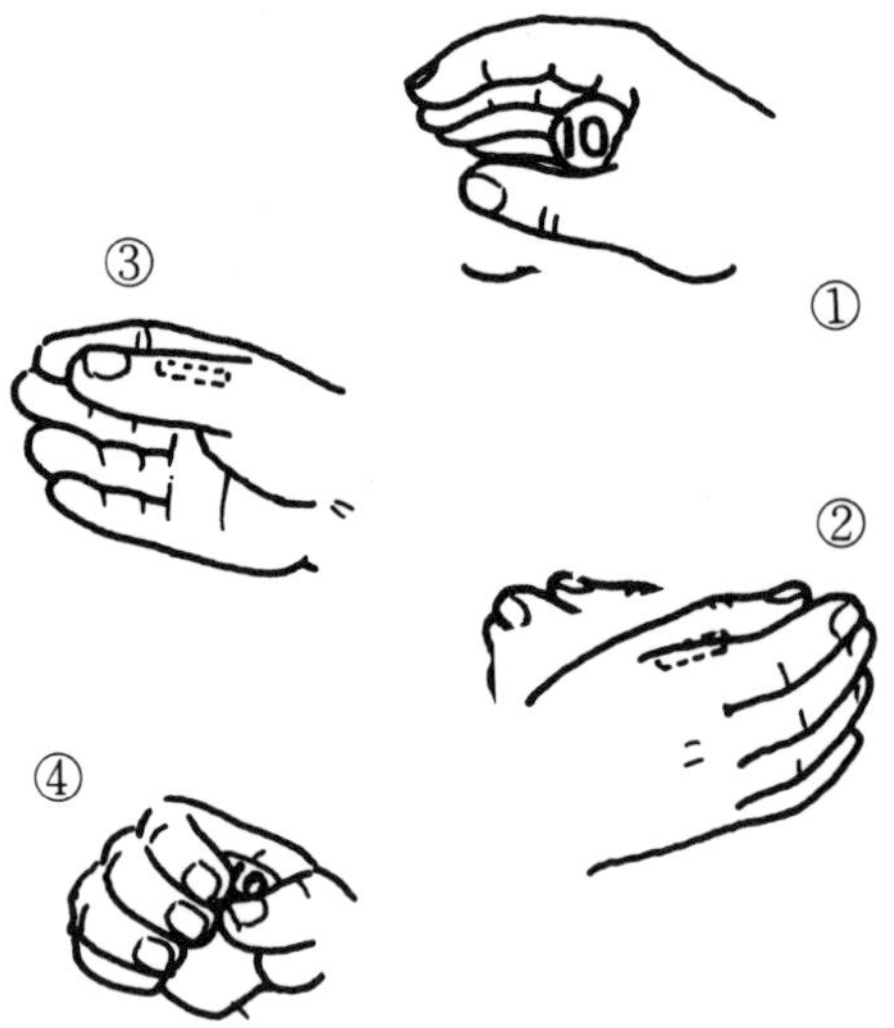

手の甲側から、③は手の平側、そして④は指先側から見たものです。

このように、このダウンズ・パームは前後、左右どこから見ても十円玉を隠し持っているところが見えず、利用範囲のひろい技法です。

ではつぎに、指先に持った十円玉をダウンズ・パームする練習をしましょう。

十円玉を人差し指と中指ではさんで持ちます（⑤）。

人差し指と中指を曲げて、親指のつけ根に十円玉を平らにあてます（⑥）。

親指のつけ根で十円玉を平らにはさんで持ったら（⑦）、人差し指と中指をのばしてパームします（⑧）。

⑤

⑥

⑦

⑧

37 手の中でコインを消す

手に握ったコインが、相手の目の前で消えてなくなってしまうという、目にもあざやかな手品です。コインを隠し持つことが基本ですから、まずそれを完全にマスターしてからはじめてください。

演じ方　1

右手の上においたコインを見せます。フィンガー・パームしやすいように、中指と薬指のつけ根にコインをおきます(①)。

中指と薬指を曲げてコインをフィンガー・パームしながら、右手を左手の上に伏せます(②)。

左手を握りながら、両手をはなします(③)。コインを左手で握り取ったことになります。

左手をひらくと、コインは消えてなくなっていま

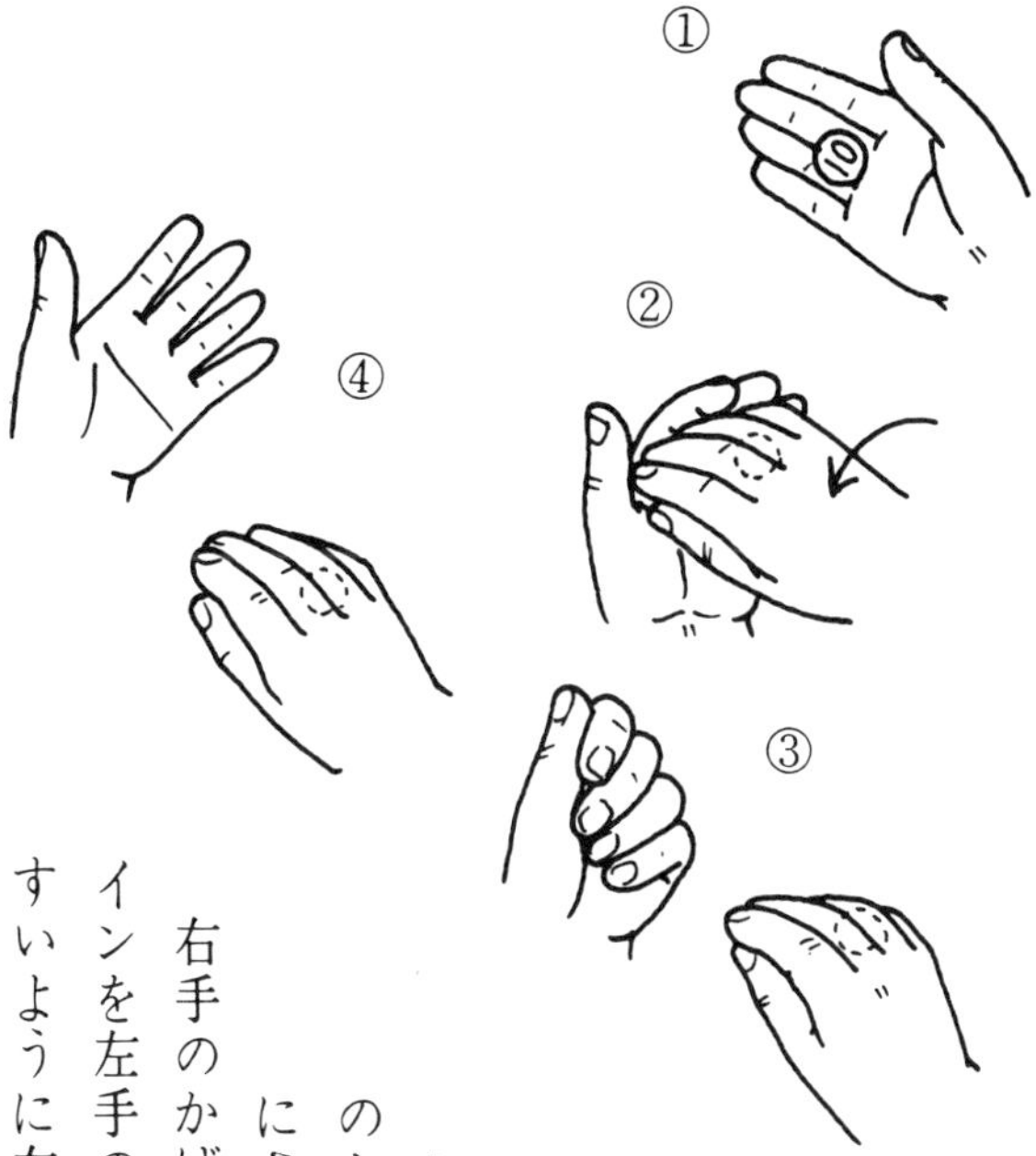

す（④）。

※　まず、右手から左手にコインを渡して、本当に握り取る動作をしてみて、これとまったく同じ動作で①～③ができるように練習をしてください。

演じ方　2

コインを左手の指先に特って見せます（⑤）。

このコインを、右手でつかみにいきます。このとき、⑥のように、右手の親指をコインの下にさし込みます。

右手のかげで、左手の親指をコインからはなして、コインを左手の指のつけ根に落とします（⑦⑧＝わかりやすいように右手をはぶきました）。

右手を握って、コインをつかみ取ったようにちょっと上にあげます（⑨）。

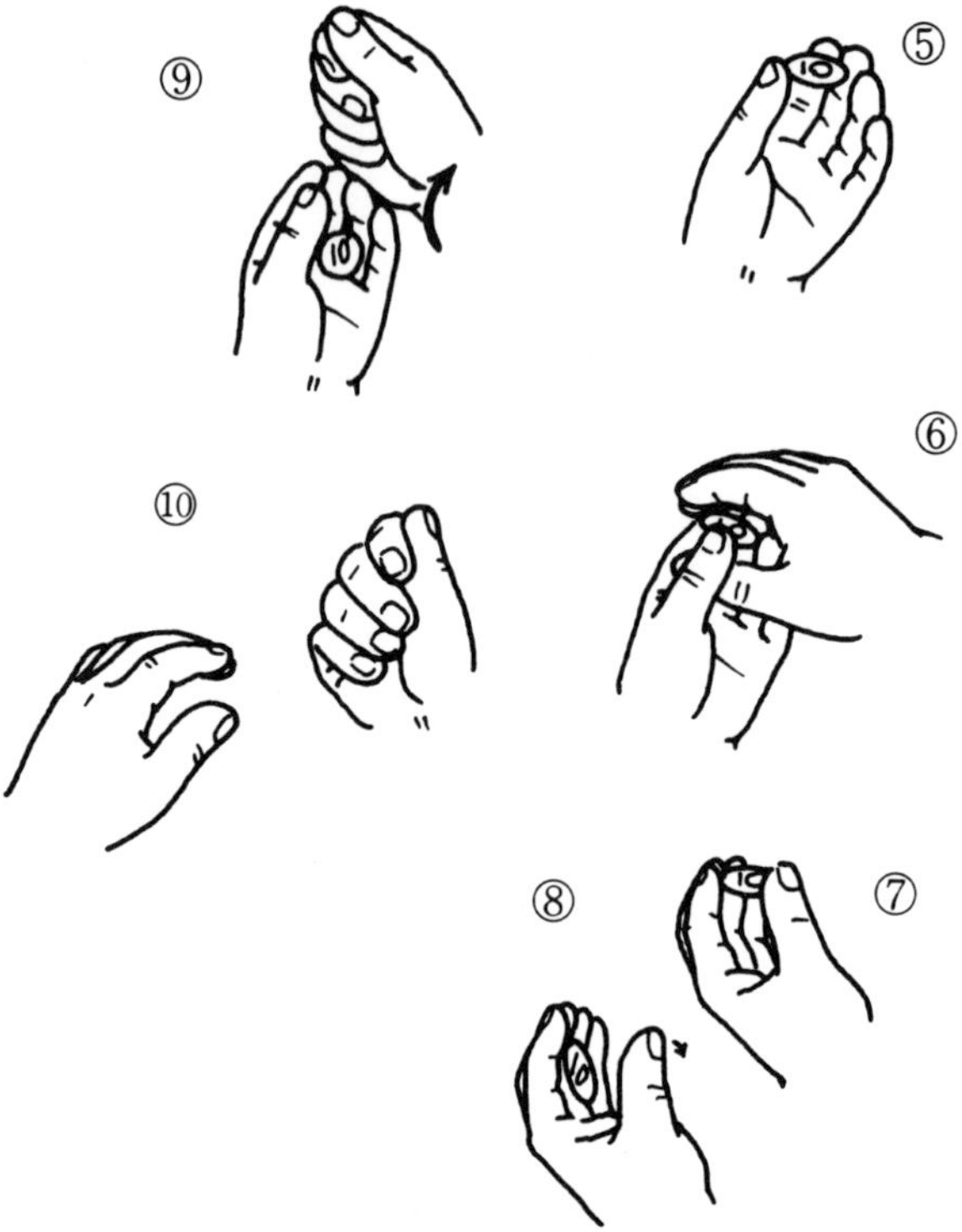

左手はコインをフィンガー・パームして甲を上に向けながら、両手をはなします⑩。右手をひらくと、コインは消えてなくなっています。

38　一円玉の変身

一円がたちまち二百円に変身。絶対に損することはない手品の宝くじです。

用意するもの　一円玉一枚　百円玉二枚

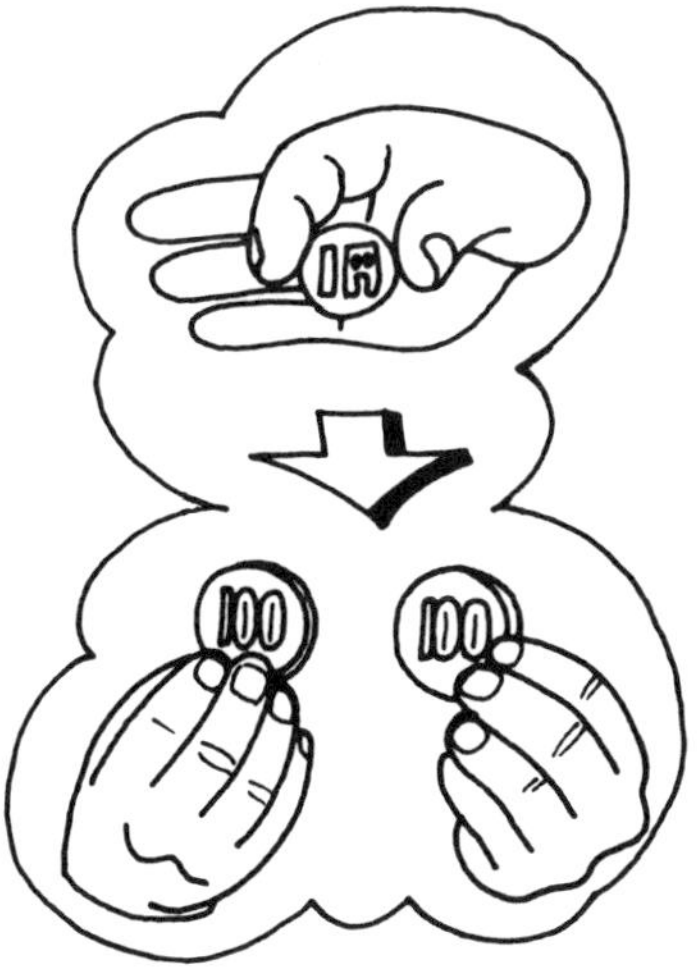

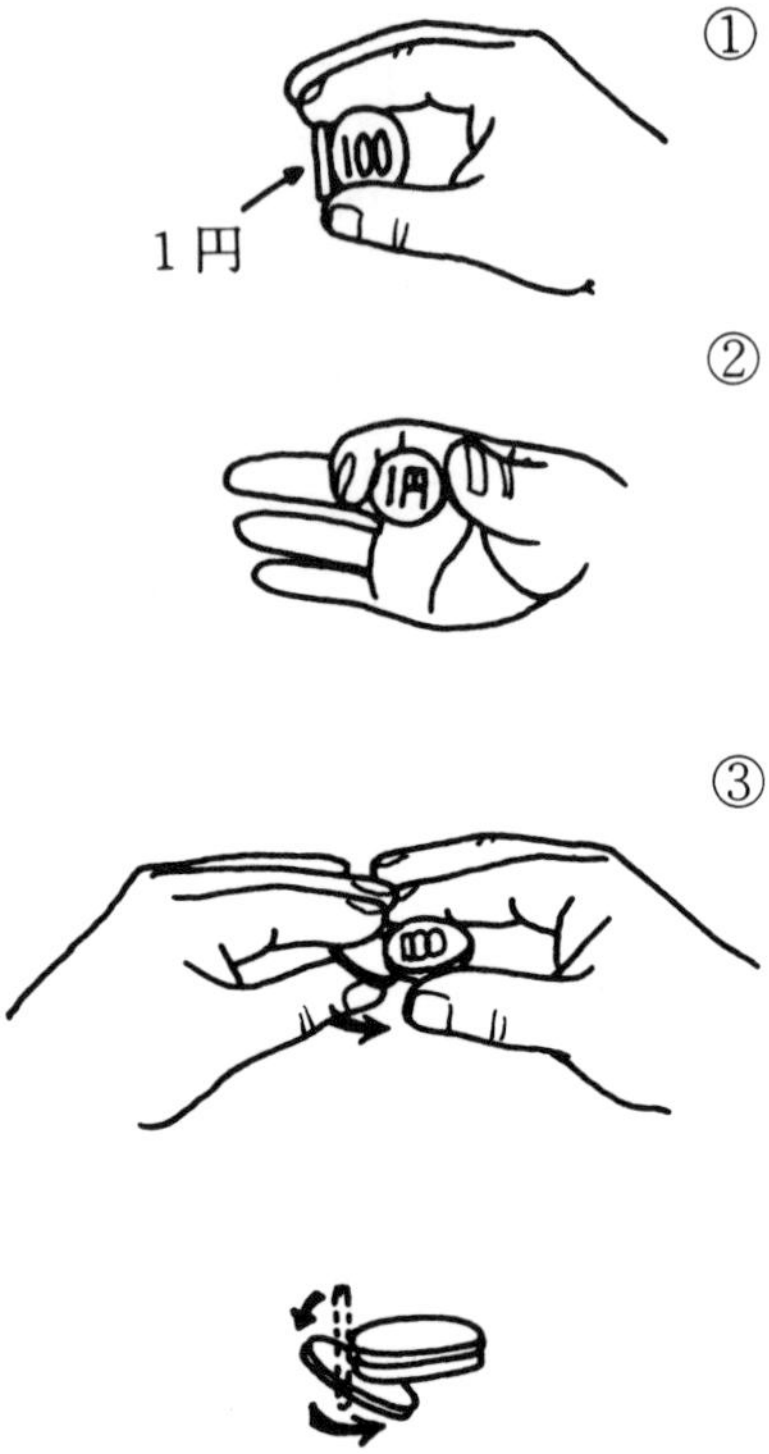

演じ方　二個の百円玉を親指と人差し指の間にはさみ、その前に、一円玉を①のように垂直に持って、百円玉を隠します。

こうしてから②のように見せると、一円玉を一枚だけ持っているようにみえます。

「ここに一円玉があります」と言って、一円玉と百円玉二枚を右手に持って見せます。

「こちらには何も持っていません」と、左手を開いてみせてから、左手の親指で一円玉を押して倒して、百円玉の下にすべり込ませます(③)。

一円玉を百円玉の裏にきちんとかくしたところで(④)、手をおこして百円玉の方を相手に見せます(⑤)。

百円玉と一円玉を右手に、もう一枚の百円玉を左手に持って、両手をはなします(⑥)。

「はい、一円がたちまち二百円になりました。」

④
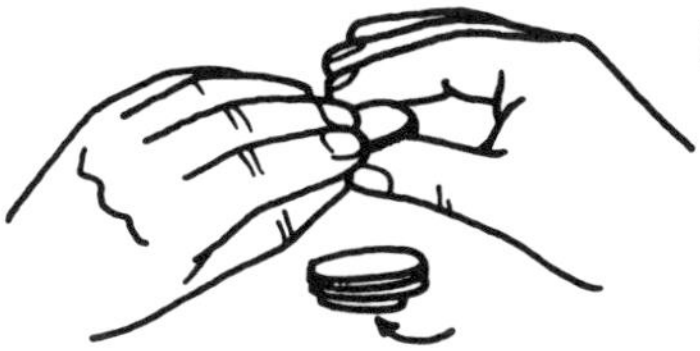
⑤

⑥
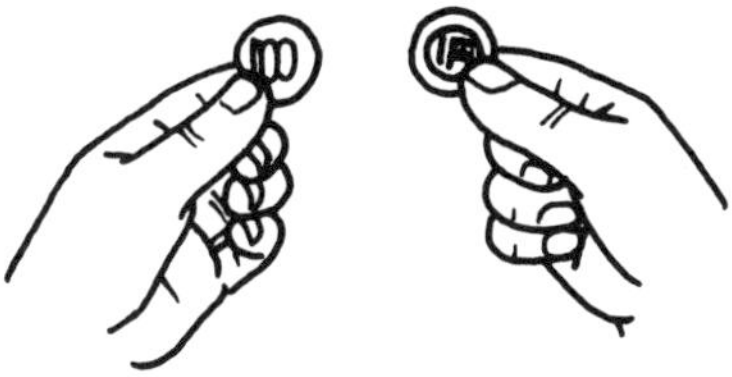

39　十円玉の変身

「十円貸してください」と借りた十円玉を指先でやさしくなでると、たちまち百円に早変わりします。このままで返すと「私も貸してあげましょう」と高利貸しが増えては、お手上げになって困るでしょうから、やっぱり「無利子でお返しします」とまた指先でやさしくなでると、十円玉に戻ります。

用意するもの　十円玉一枚、百円玉一枚

演じ方　あらかじめ百円玉を右手にフィンガー・パームしておきます。

相手から十円玉を一枚借りて、左手の指先に、平らに持ってみせます(①)。

右手の人差し指で十円玉のふちを押し(②)、こ

の十円玉を左手の指の間でくるりっと回転させて(③)、裏をみせます(④)。このとき、右手の親指でフィンガー・パームしている百円玉をおさえ、指をのばします。

両手を近づけて、右手を十円玉の上におきます(⑤)。

右手のかげで、左手の親指を十円玉からはなして、十円玉を左手の指のつけ根に落とし、

①

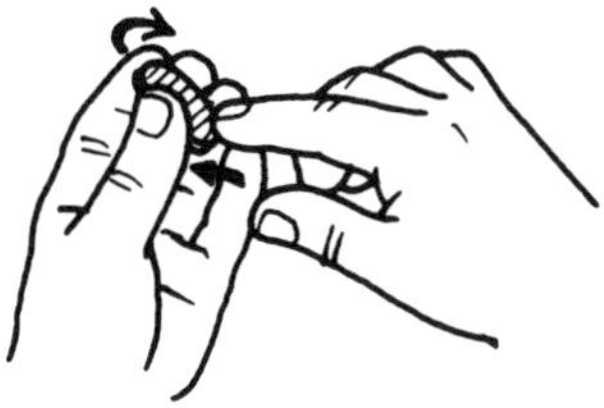
②

③

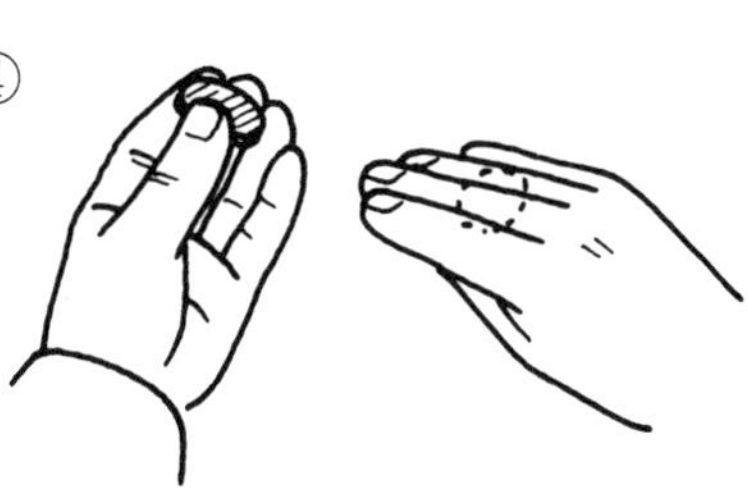
④

かわりに、右手の百円玉を指先に持ちます（⑥）。

右手の指先で百円玉をなでるような感じで、右手を引きますと、十円玉が百円玉にかわっています。

右手を開いて、手をあらためます（⑦）。

左手は、十円玉をフィンガー・パームします。そして、親指で百円玉を起こして（⑧—ⓐ〜

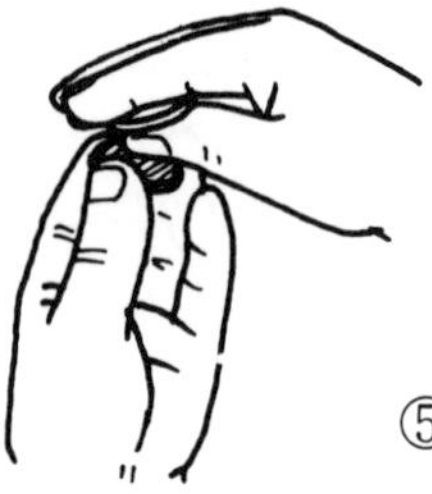
⑤

⑥

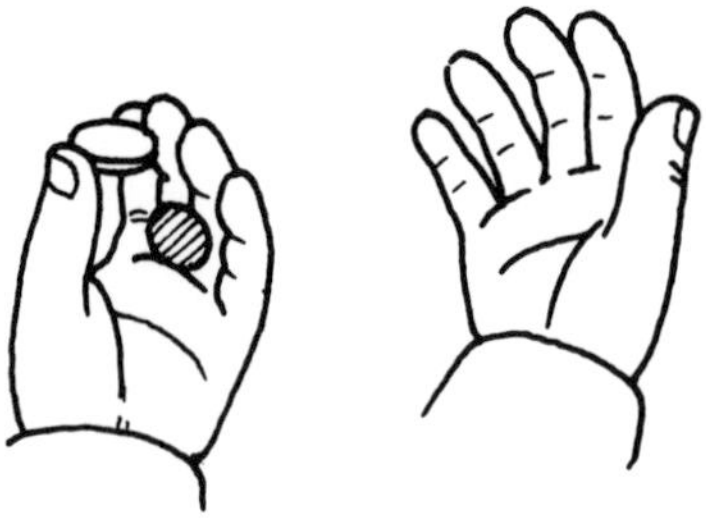
⑦

ⓒ指先に立てて持ちます（⑧―ⓓ）。

百円玉をよく見せてから右手に渡し（⑨）、①と同じように右手の指先に持ちます。

今度は左手で、②〜⑦を行なって、百円玉を十円玉にかえてしまいます。

十円玉を⑧のようにして指先に持ち、これを左手の平の上において、相手に返して終わります。

⑧

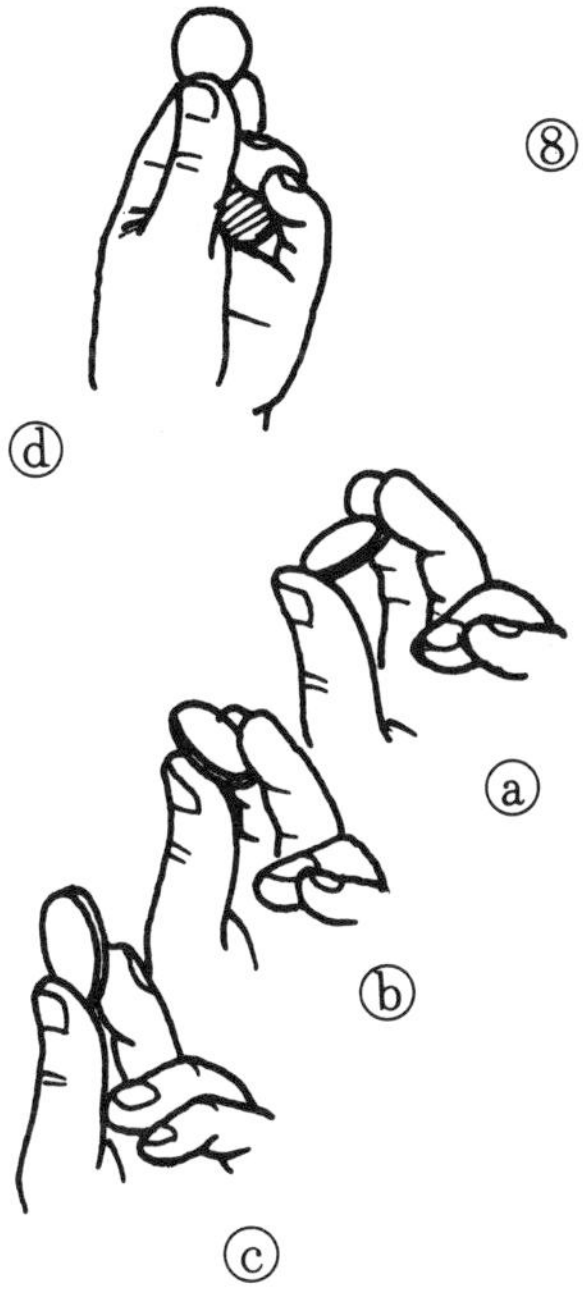

⑨

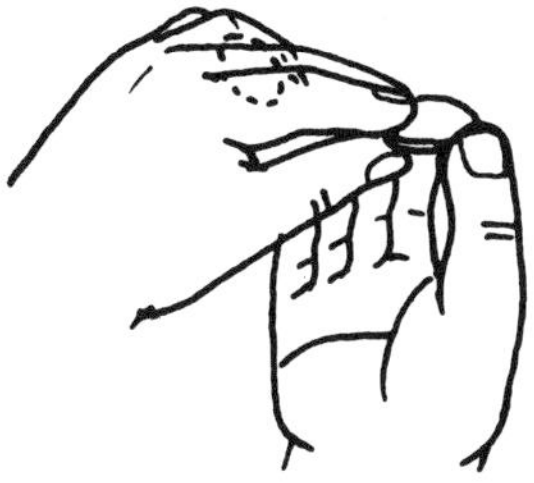

40　十円玉の飛行

コインに、飛べる羽根がついているとしか考えられない手品です。

右手にあったはずのコインが見えない飛行をして、次々と左手へ移動します。

用意するもの　十円玉七枚

演じ方　右手に十円玉を一枚フィンガー・パームしておきます。それから、自分のポケットの中から十円玉を六枚取り出します。

「すいません、十円玉があと二枚ほしいのですが貸していただけますか」といって、相手から十円玉を二枚借り、テーブルの上に四枚ずつ並べておきます(①)。右手は別の一枚をパームしたままです。

左側の四枚の十円玉を右手の指先で手前に引いて、②のように左手の平の上に十円玉を落とします。この時右手にパームしている十円玉もいっしょに落とし、左手を握ります(③)。つぎに「こちらの四枚は、右手に持ちます」といって、右側の四枚を右手で取り上げて、ちょっとみせます(④)。この時、④のように、一枚だけ人差し指の先にずらせておくようにします。

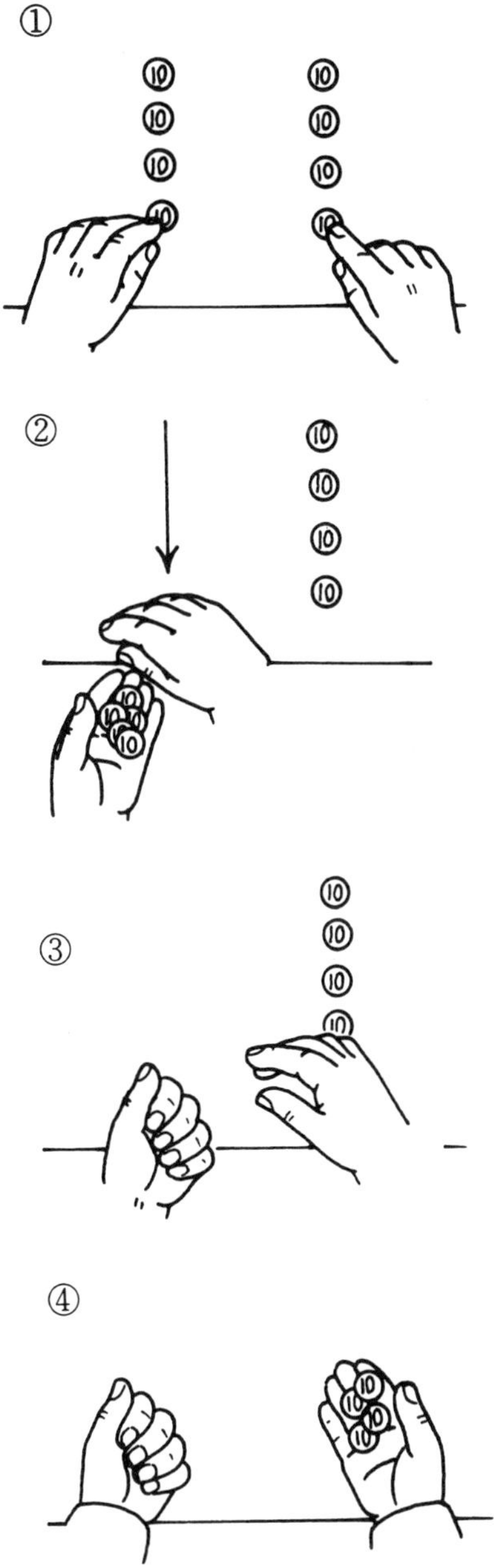

⑤

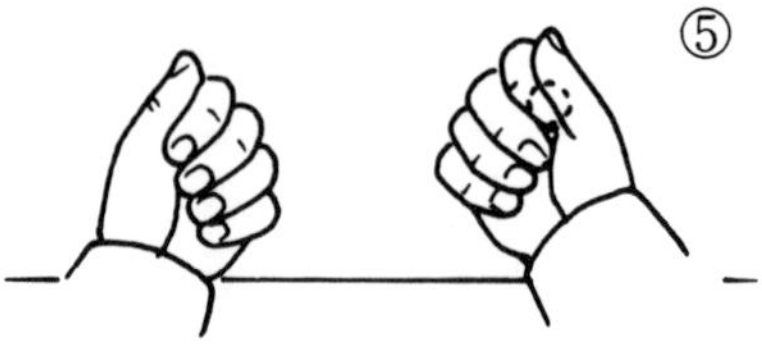

⑥

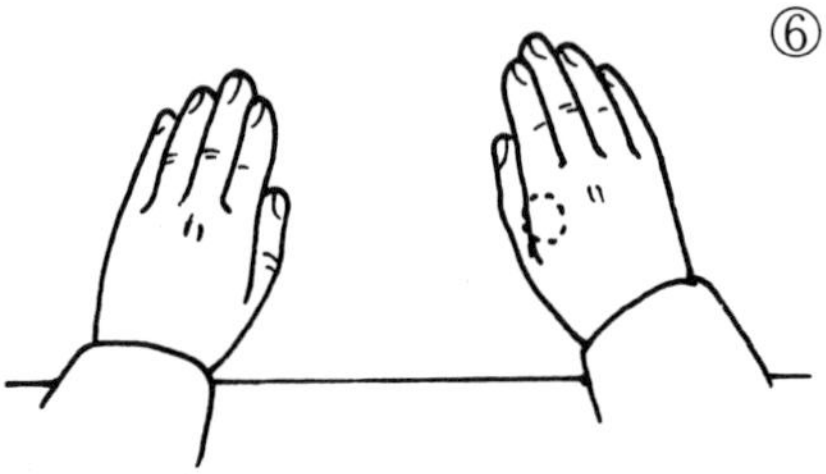

⑦

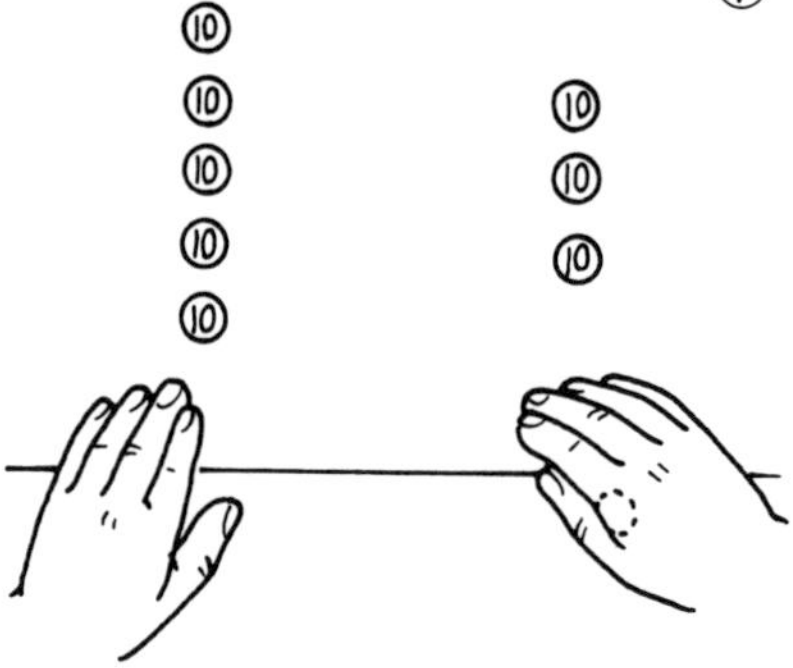

右手を握り、人差し指の先にずらせておいた一枚だけを親指のつけ根にあて、サム・パームします(⑤)。

　両手を軽くゆすって、右手の中の十円玉が左手の中へ移動して見えない飛行をさせているようなゼスチュアをします。そして、両手の甲を上に向け、手を開きながら、十円玉をテーブルの上に打ちつけるような感じで、両手をテーブルの上に伏せておきます(⑥)。この時、右手は一枚の十円玉をサム・パームしたままです。両手の中にある十円玉を一枚ずつ並べます。うっかり右手にサム・パームした十円玉を並べないように。

　両手を伏せたまま手前に引いて、左手の中の十円玉が五枚に、右手の中の十円玉が三枚になったことをみせます（⑦）。

　左手を返して手の平を上にしてテーブルのふちにあて、右手の指先で左側の五枚の十円玉を一枚ずつ手前に引いて、左手の平の上に落とします（⑧）。最後の五枚目の十円玉を落とす時に、右手にサム・パームしている十円玉をいっしょに左手の平に落としてしまいます。

　左手を握ってテーブルの上に出します。つぎに右側の三枚の十円玉を右手で一枚ずつ取りあげ（この時④と同じように、一枚だけ人差し指の先にずらせておきます）、右手を握って、一枚をサム・パームします。
　⑤～⑦のようにして、左手が六枚右手が二枚になったことをみせます（⑨）。
　また⑧と同じようにして、左手に六枚を落として握り（右手にサム・パームしている十円玉をひそかに加

⑧

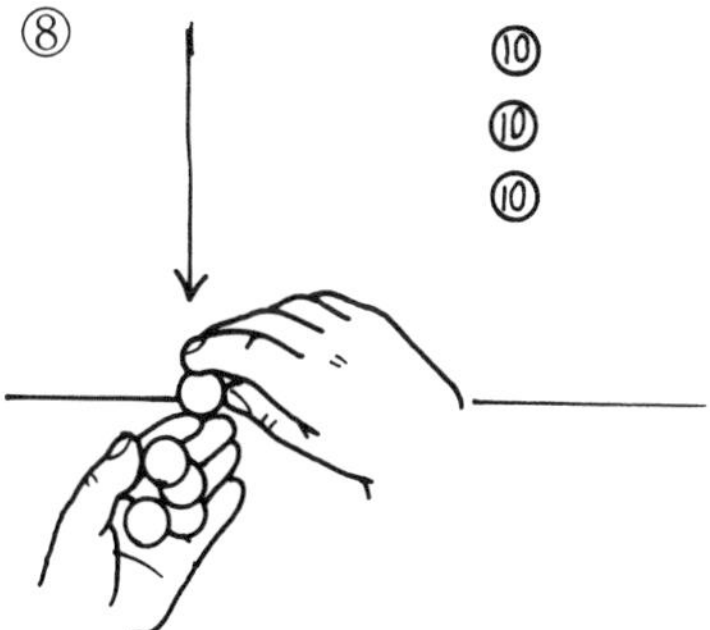

⑨

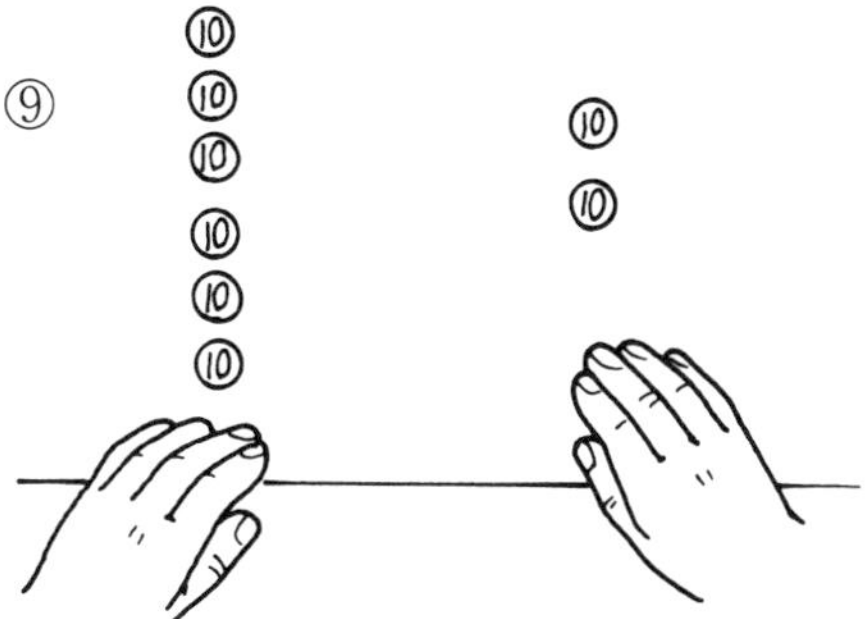

えます）、右手に二枚を握ります（一枚をサム・パームします）。

⑤～⑦のようにして、左手が七枚、右手が一枚になったことをみせてから、前と同じようにして、両手に十円玉を握ります。

ふたたび⑤～⑦のようにして、左手が八枚になったことをみせます。

左側の八枚を、右手の指先で一枚ずつ手前に引いて左手の平の上に落とし、最後の八枚目の十円玉といっしょに、右手にサム・パームしている十円玉を左手に落としてしまいます。

右手を開いて、本当に何も持っていないことをあらためてから、左手に握っている十円玉の中から二枚をとって「私が六枚出して、あなたに二枚お借りしましたね」といって、その二枚を相手に返し、左手に残った十円玉を何気なくポケットにしまって終わります。

41　お金を生むハンカチ

「花咲じいさん」のおはなしで登場するポチはワン！と鳴くと、大判小判がザックザック……と畑からでてきたといいます。今からやるのは、ハンカチをつまむとコインがスウーッと出現、またつまむとコインが一枚……というぐあいで、最新型花咲じいさんです。

用意するもの　コイン十枚、ハンカチ一枚

演じ方　コインを五枚ずつ両手にフィンガー・パームします。

ハンカチを出し、両手でひろげて持ちます（①）。

ハンカチを二、三度振って、仕掛けのないことをあらためてから、ハンカチを左手にかけます（②）。ハンカチのかげで、フィンガー・パームしているコインを一枚、親指で指先の方に押し出し（③）、このコインを

①

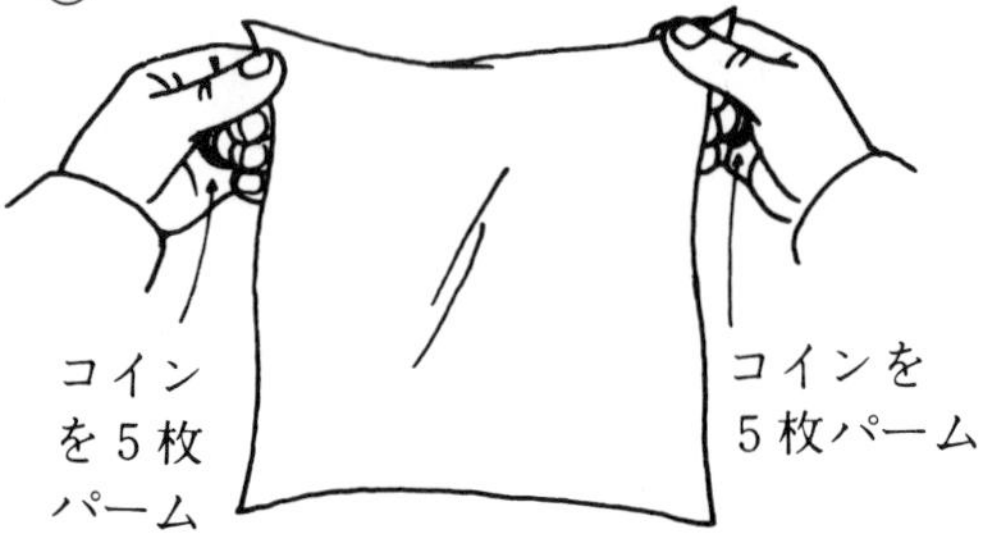

②

③

④

ハンカチごしに右手の指先でつまみます(④)。

左手でハンカチのふちを持って裏返し、④の矢印のように両手を返し、ハンカチを右手にかけて、コインを一枚出現させます(⑤)。

現われたコインを、左手でとってコップの中に落とします(⑥)。この間に、右手はハンカチのかげでフィンガー・パームしているコインを一枚、親指で指先の方へ押し出しておきます。

左手でハンカチごしにコインをつまみ、前と同じようにハンカチを返して左手にかけると、二枚目のコインが現われます(⑦)。

コインを右手でとって、コップの中に落とします。

以上をくり返して、つぎつぎとコインを現わします。

⑤

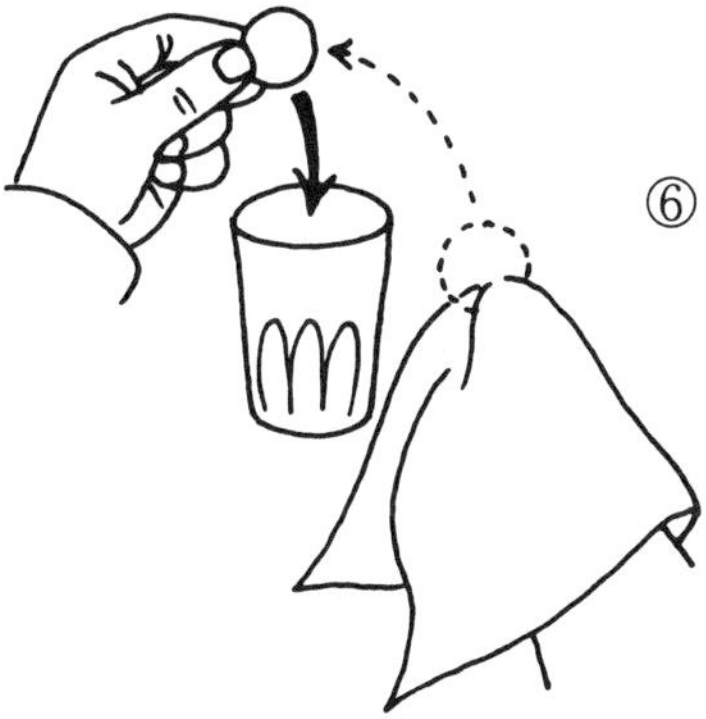

⑥

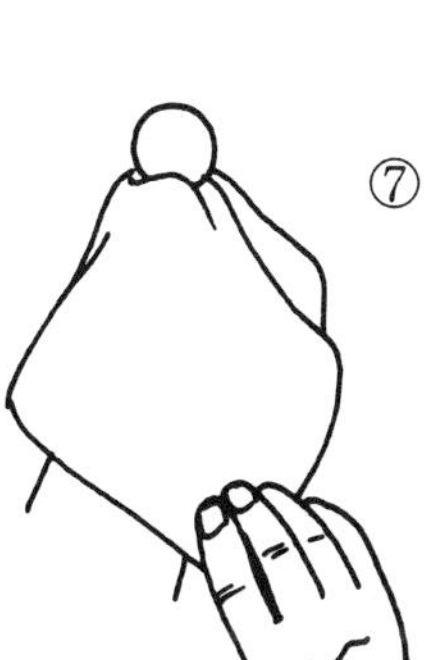

⑦

42　増える札

不況時代にぴったりの耳よりな手品をご紹介しましょう。

「千円貸していただけませんか」と借りた千円札を、小さく丸めてひじにこすりつけていると、見るまに二千円になりました。

「あなたの千円札はすばらしい魔力を持っていますから、大切にしまっておかれるとよいでしょう」と一言ほめてあげると、むだづかいをしないかもしれません。

用意するもの　千円札二枚

下準備　一枚の千円札を小さく丸めて、首の後ろにかくしておきます（①）。

演じ方　借りた一枚の千円札を小さく丸めて左手に持ちます（②）。

まず右腕を曲げ、左手の丸めたお札を右ひじにあてて、ちょっとこすってみせます（③）。この時、自分の右ひじをじっとみて、相手の注意をひきつけるようにします。

相手が右ひじを見ている間に、あなたは次のことをするのです。右手を首の後ろにあてて、かくしておいたお札をそっと右手にかくし持ちます（④）。このタイミングがむつかしいのです。

すぐに両手を体の前で合わせて、左手のお札を右手にわたします（⑤）。

右手はかくし持ったお札のほかに、指先にもう一枚のお札を持つことになります。

①

②

③

④

今度は左腕を曲げて、右手のお札を左ひじにあててみせます(⑥)。

左腕をのばして、体の前で手を開いて何も持っていないことをみせます(⑦)。

両手を体の前で合わせます。両手の指先にお札を一枚ずつつまんで、フッ！と息を吹きかけてから、お札を二つに分けてみせます(⑧)。

両方のお札を開いて、千円札が二枚になったことをみせておわります。

借りた千円札は、きれいにのばして相手に返すことを忘れずに。お金の借り貸しはきちんとした方がいいですね。

⑤

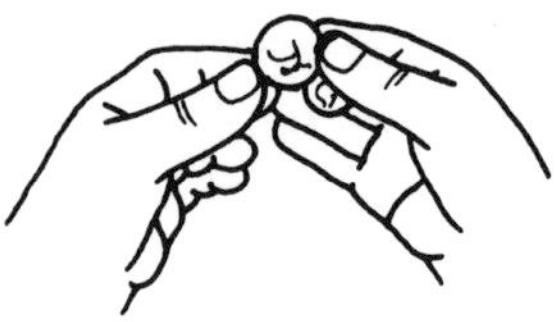

⑥

⑦

⑧

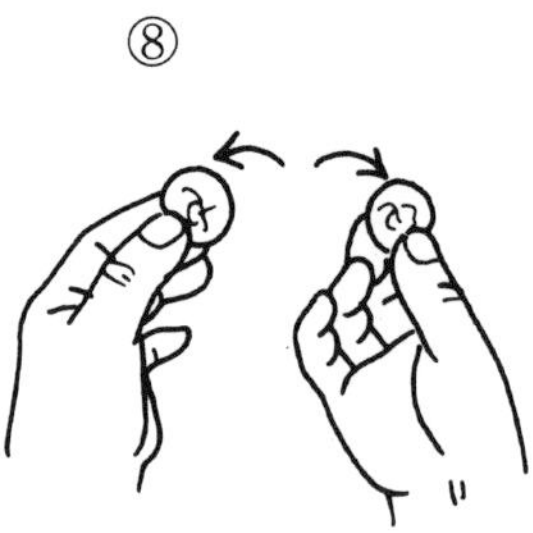

43
空中銀行

なにもない空中をパッ！　とつかむたびに、コインが一枚ずつ指先に現われます。

「空気は、私たちに恵みを与えてくれるものなんだなあ」と改めて空気を味わう人もでてきますよ。

この手品はダウンズ・パームの応用です。

用意するもの　コイン四、五枚

演じ方　まず一枚だけで練習しましょう。

一枚のコインをダウンズ・パームします（①）。

人差し指と中指を曲げて、指先でコインをはさみ（②）、指をのばしてコインを取り出します（③）。

人差し指と中指ではさみ出したコインの下に親指の先をあて（④）、下からはね上げるようにしてコインを起こします（⑤）。

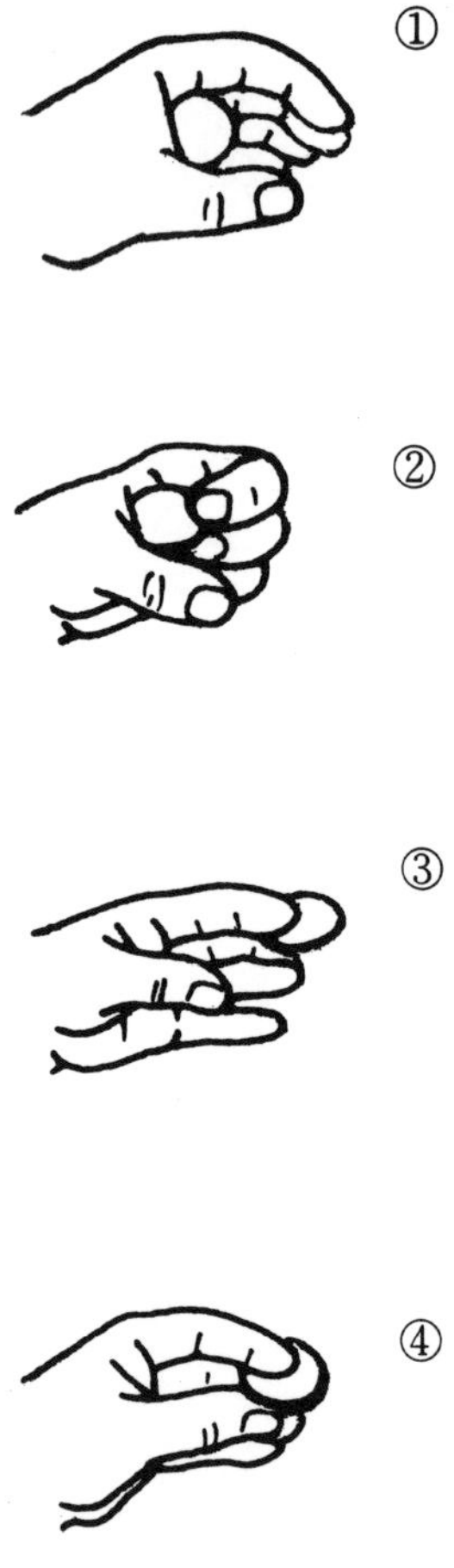

②〜⑤をスムーズに行ないますと、空中から本当にコインをつかみ取ったように見えます。

今度は四、五枚のコインを重ねていっしょにダウンズ・パームします。人差し指と中指を曲げて(⑥)、一番下のコインだけを引き出して(⑦)、はさんで指をのばし(⑧)、親指でコインを起こして一枚目のコインを現わします(⑨)。

取り出したコインを他の手に渡します(⑩)。同じことをくり返して、つぎつぎとコインを取り出してみせます。

　コインを取り出すとき、普通は相手に手の平側を向けていますが、手の甲側を向けて取り出すこともできます（取り出し方は同じです）から、一枚目のコインを右横の空中から取り出したら、二枚目は左上方から、三枚目は左ひじの下から、四枚目は右上方からというように、取り出すところを変えて行なう工夫をしてください。

⑥

⑦

⑧

⑨

⑩
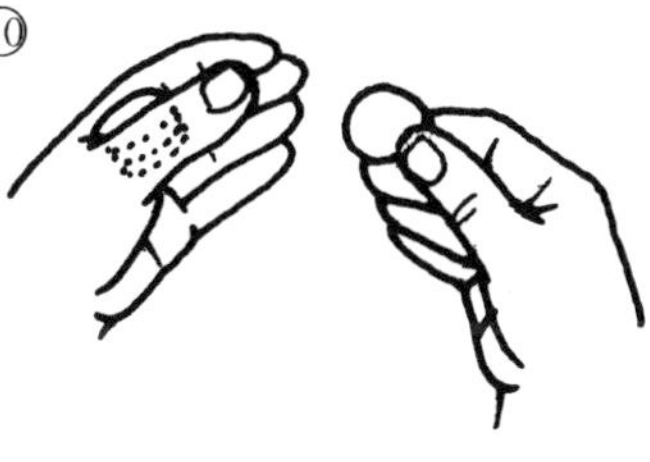

D

準備がよければ成功する手品

44 釣り上げた徳利

徳利の中にひもをたらします。すると徳利は、ひもにまんまと釣り上げられてしまいます。魚釣りが堪能できない時は、徳利釣りに挑戦なさってはいかがでしょうか。

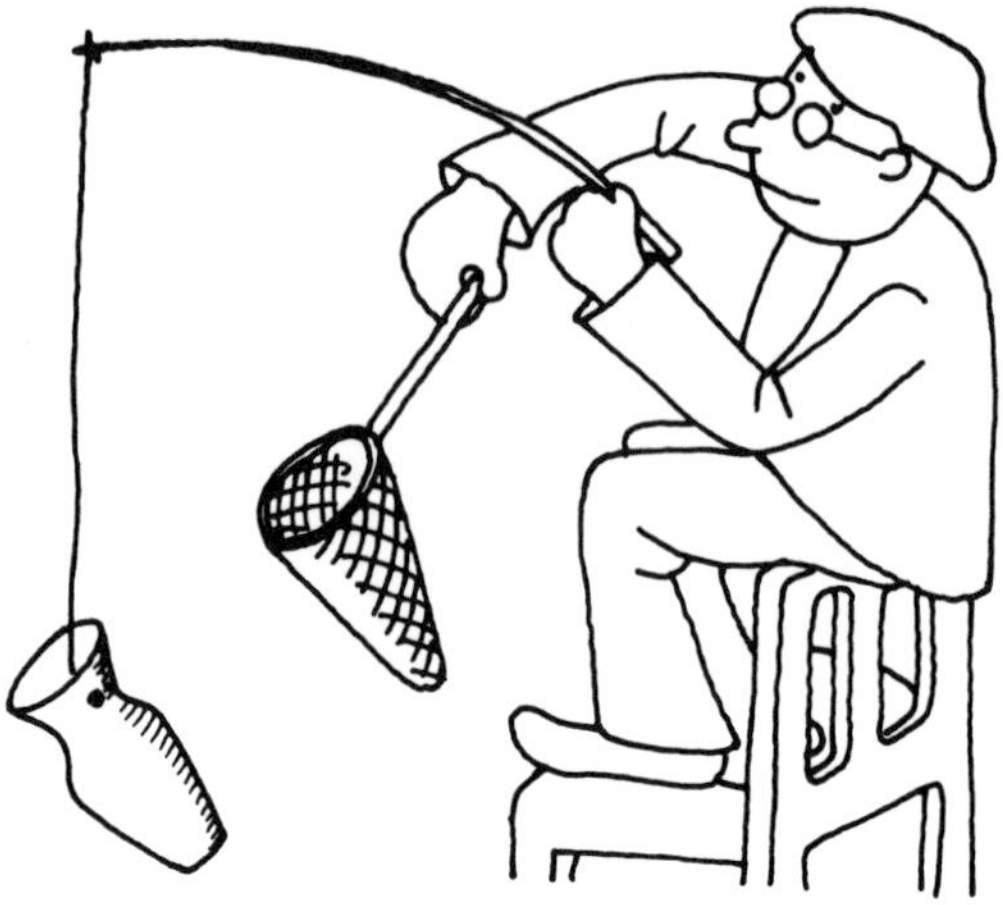

用意するもの　徳利、ひも一本（長さ三〇センチメートル、太さ五ミリメートルくらいがよい）、消しゴム一個（徳利の口より少し小さめに切っておく）

①

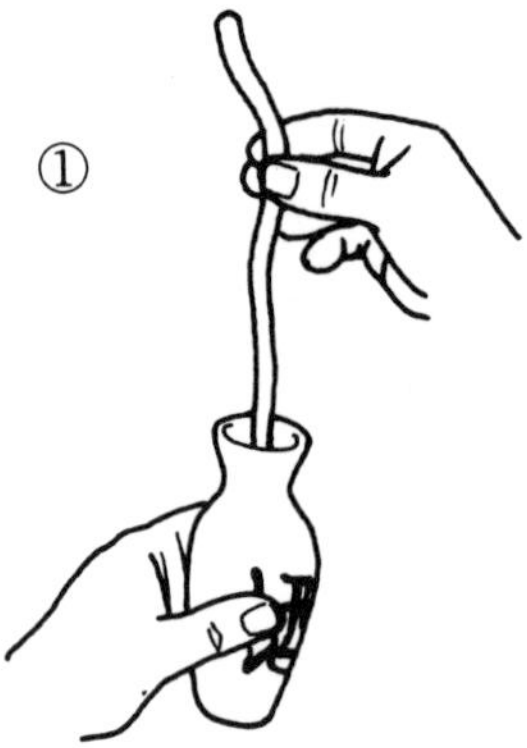

演じ方　観ている人に調べてもらった徳利に、そっと消しゴムを入れます。

徳利を机の上に立て、ひもを徳利の口から中へたらします(①)。

左手に徳利を持って、口がやや下になるように徳利を傾けて、徳利の中の消しゴムを口までころがします(②)。

そこでひもを引っぱると、消しゴムがくさびの役をして、みごとに徳利は釣り上げられてしまいます(③)。

②

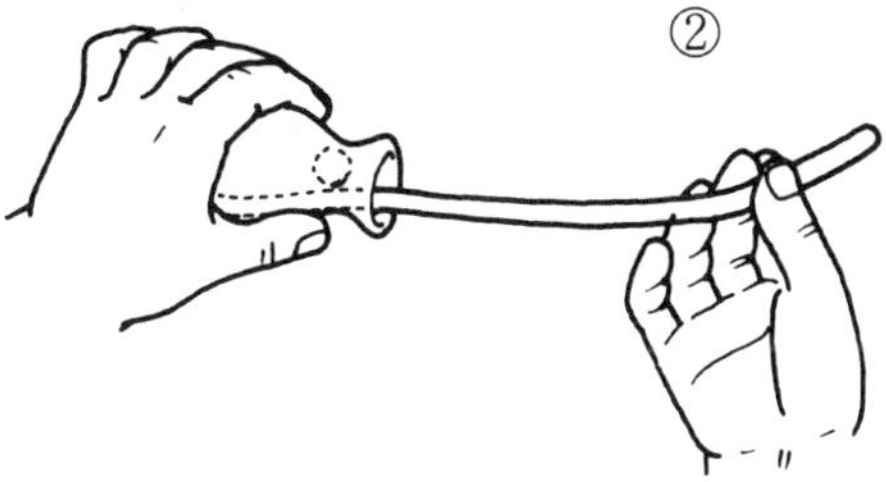

③

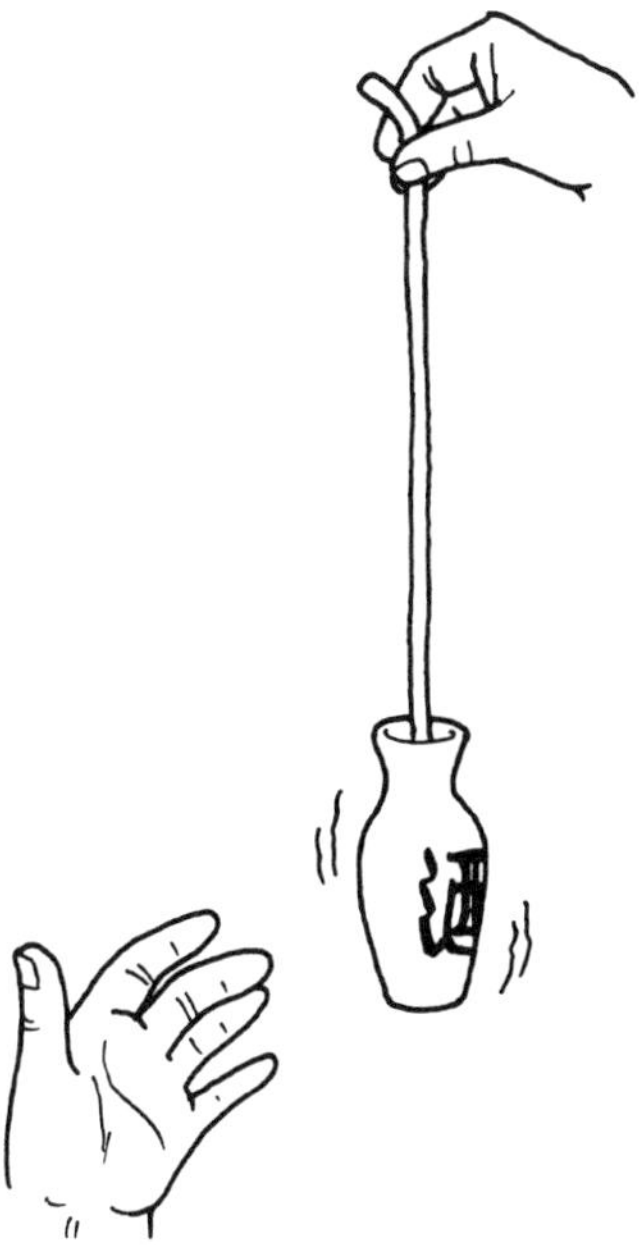

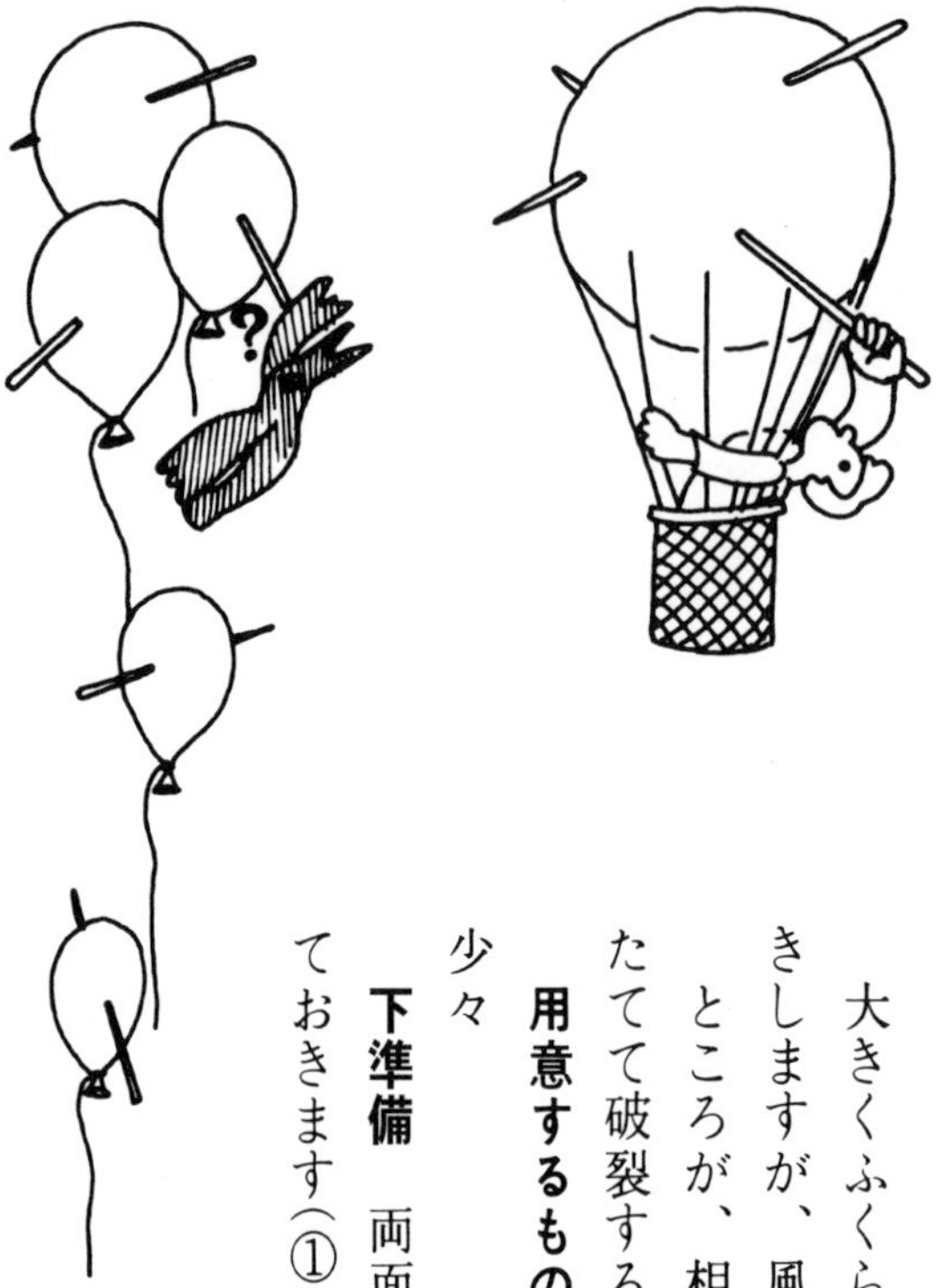

45 割れない風船

大きくふくらませたゴム風船を、ブスッと針で一突きしますが、風船はバーンと割れないで知らん顔。ところが、相手が針をさすと、バーンと大きな音をたてて破裂するのでびっくり仰天。

用意するもの ゴム風船一個、針一本、両面テープ少々

下準備 両面テープを小さく切って親指にはりつけておきます(①)。

演じ方 ゴム風船をふくらましてもらって、口もとをしっかり結んでもらいます(②)。

この風船を受け取るとき、親指を強く風船に押しつけて、両面テ

ープを風船に貼りつけます(③)。

風船を持ちかえてから、両面テープの貼りついているところに、針を突き通します(④)。絶対に風船は破裂しません。今度は針を抜き取ってから、相手に頼んで別のところにもう一度針をさしてもらいます。途端に風船は破裂して、証拠をいんめつしてくれますからおお助かりです。

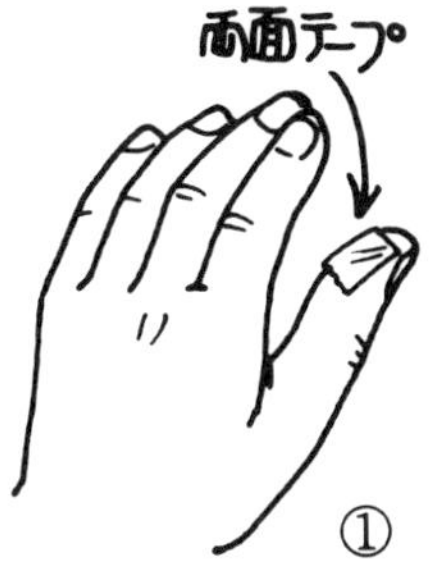

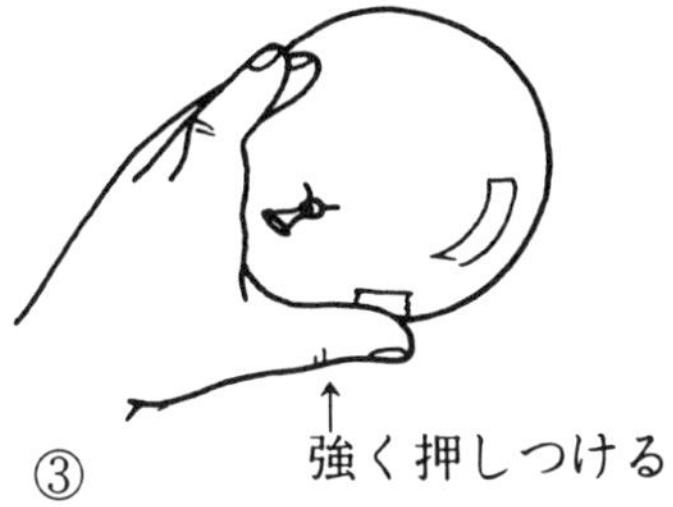

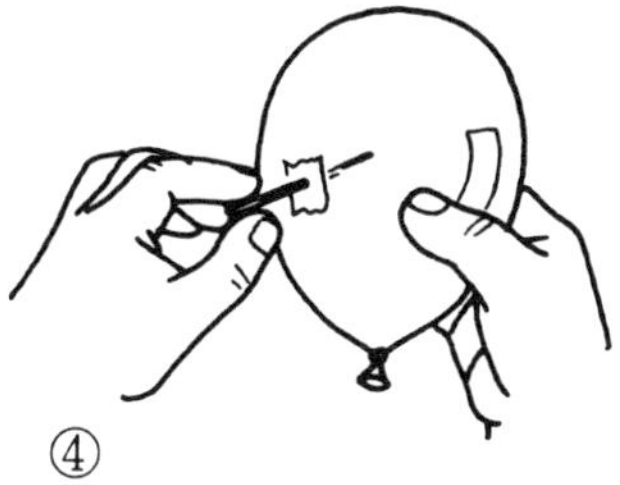

46 不思議な輪

一つの輪をたてに半分に切ると、二つの輪ができるのはご承知の通り。

でも、ちょっとした工夫で、大きな輪になったり、つながった二つの輪になったりする楽しい手品です。

用意するもの 幅一〇センチメートル、長さ三メートルくらいで、たてに裂きやすい布地

下準備 一回ひねってつくった輪をたてに半分に切ると大きな一本の輪になり、ひねりを二回にすると二つの輪が鎖のようにつながります(①)。

この原理を応用して次のように準備します。

布地の両端に一〇センチメートルくらいの切れ目を入れ、一方を一回ひねり、もう一方を二回ひ

ねって両端を貼り合わせます。さらにそれぞれの端の中央に②のように切れ目を入れておきます。

演じ方　準備した輪の真ん中の切れ目から輪を裂いて二つの輪にします(③)。

二回ひねってある方の輪を手に持って(もう一つの輪は腕にかけておきましょう)、「この輪で二つ

①

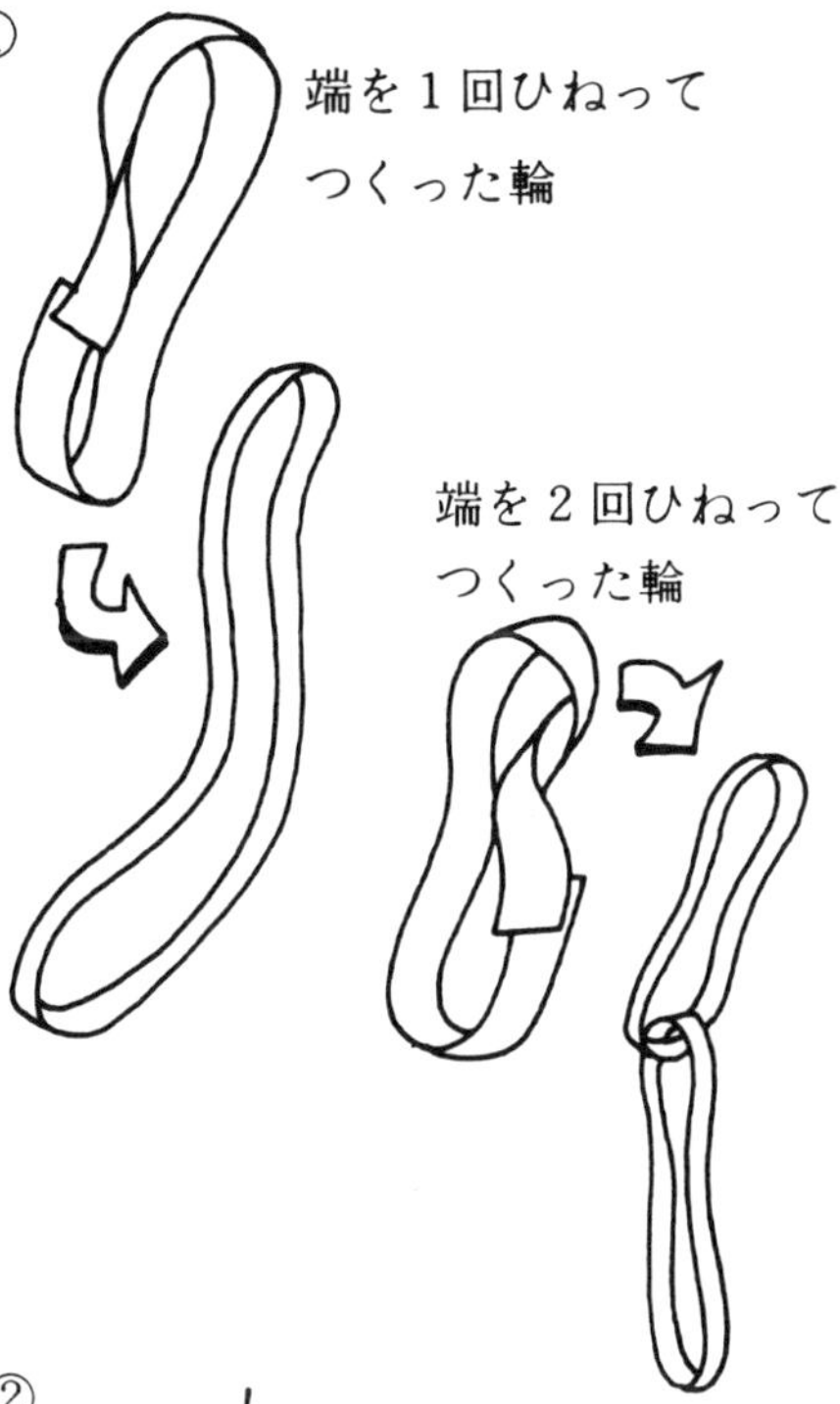

②

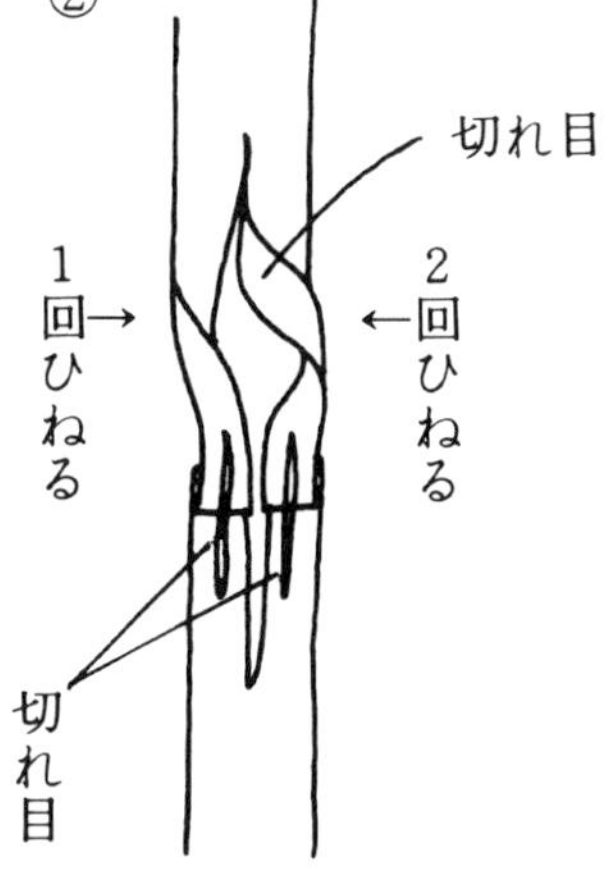

の仲よしバンドをつくりましょう」といって、切れ目のところから半分に裂いて、鎖のようにつながった二つの輪にします（③—ⓑ）。

「今度は太った人用のバンドをつくりましょう」といって、腕にかけておいた輪をとり、同じように切れ目から輪を半分に裂いて、大きな輪をつくってみせます（③—ⓒ）。

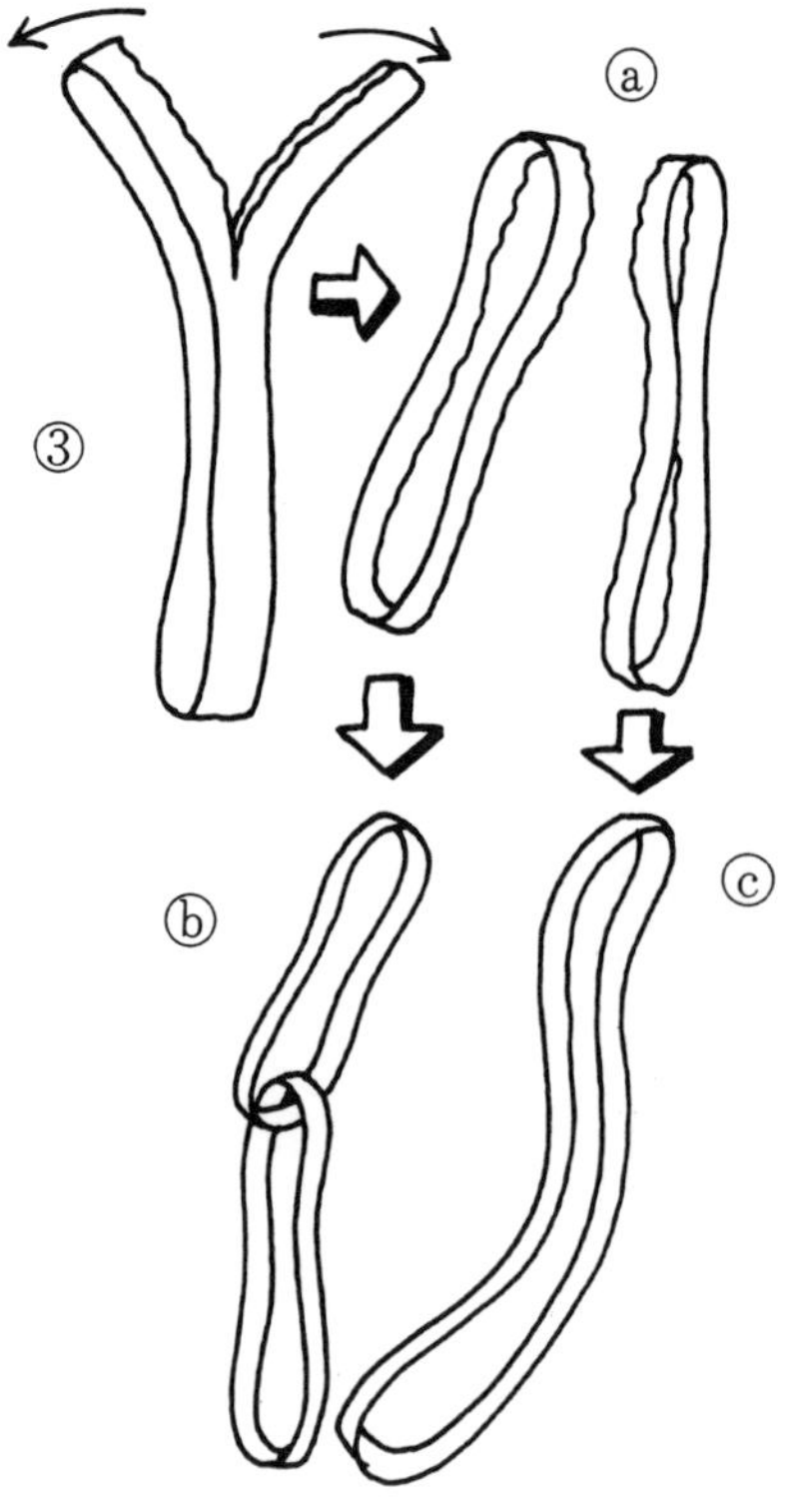

47　タバコのいたずらと仲よしマッチ

今しがたまであったはずのタバコが消えてしまいました。勘違いをしたかな……などとあわてないでください。ほーら、また現われましたよ。

タバコが無事にもどって来たところで、今度は仲よしマッチ君のお話もしましょう。

用意するもの　タバコ一箱（中身も必ず入っていること）

準備　中箱を真ん中から横に二つに切りはなしておきます（①）。

演じ方　まず忠告をしておきましょう。必ず目の高さでやらなくてはばれてしまいますよ。

中箱の三分の一くらいを底から押し上げて、中にタバコが入っていることをみせます（②）。

今度はこれを閉じて、中箱の上の部分だけを持って引っぱり上げると、二つに切りはなされた中箱だけが見えるだけで、中身はなくなってしまったように見えます(③)。

また閉じて底から押し上げると、元のタバコが出現します(②と同じ)。

さて、タバコが戻ったところでいっぷくしましょう。

まず、せきをするふりで左手の甲を軽く口にあてて、カラせきをします。このとき、左手

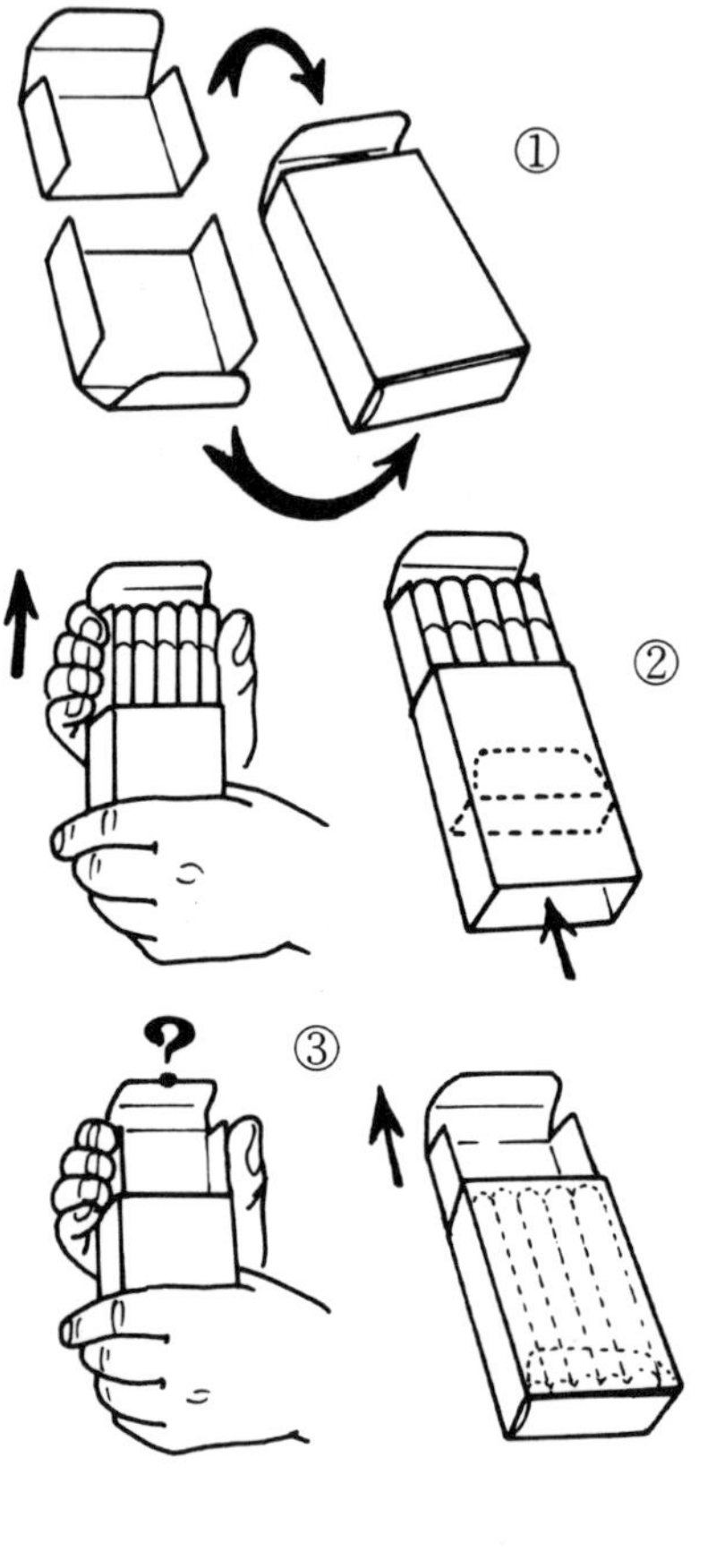

の甲につばをちょっとつけてしめらせておきます(④)。

マッチ箱をあけて、マッチ棒を二本とり出し、両手に一本ずつ持ちます。

「静電気でマッチがつくことを知ってますか?」とたずねながら、マッチの頭を手の甲に軽くこすりつけて、右手のマッチの頭をしめらせます(⑤)。

二本のマッチの頭をあわせて強く押しつけますと(⑥)、二本は仲よくくっつきますよ(⑦)。とてもマッチしたお似合いのカップルですね。

④

⑤

⑥

⑦

48　二本が一本

一本のひもの真ん中をハサミでチョキン！　二本になったひもを握って「えいっ」と気合いをかけると、たちまちもとの一本に復元します。

用意するもの　糸を何本もより合わせた荷造り用のひもで長さは五〇センチくらい、接着剤

準備　ひもの真ん中のところを半分に分け(①)、ここを②のようによじります。

つぎにひもの両端（AとB）を合わせて接着剤でつけます(③)。

③のように準備したひもの◌印のところを持ちますと、一本のひもを輪にして持っているようにみえます。

演じ方　ひもの真ん中をはさみでパチンと切りま

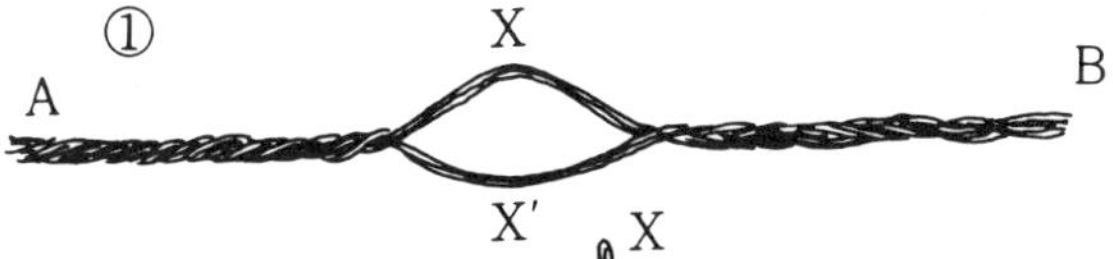

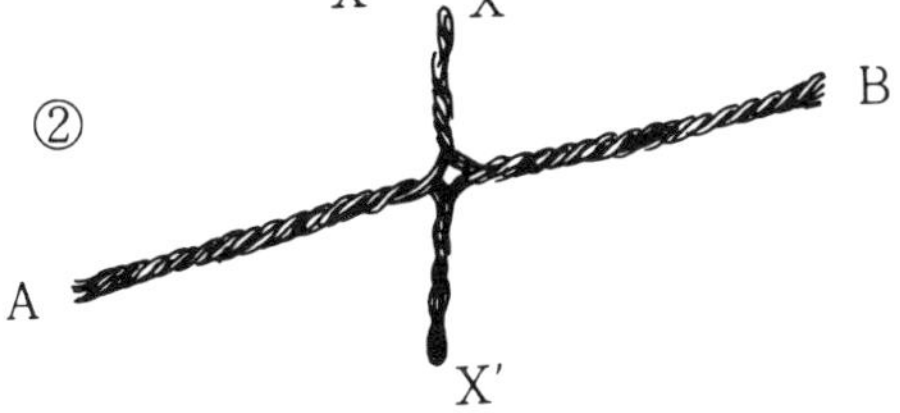

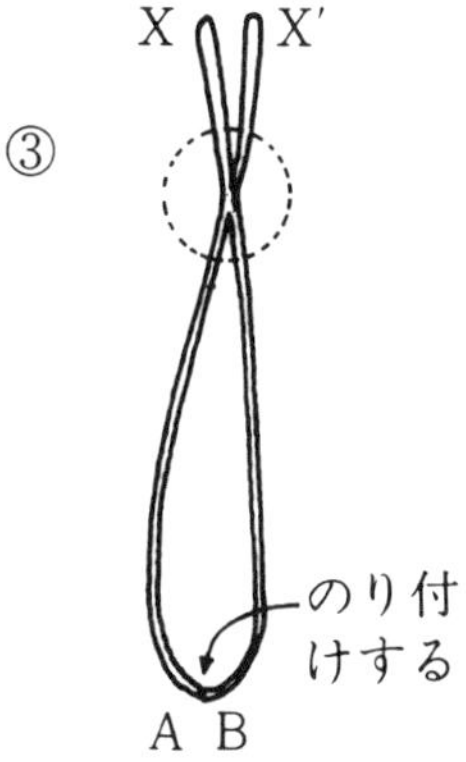

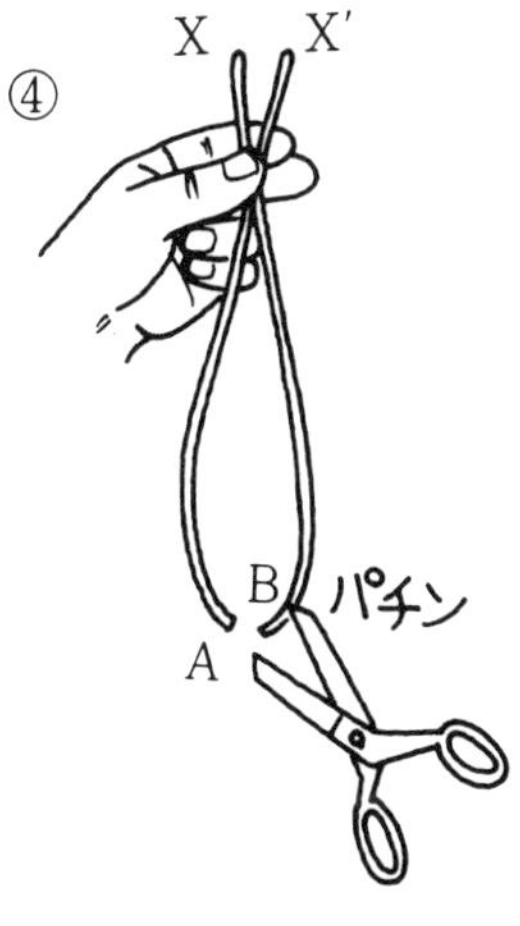

す(④)。
はさみで切りはなしたところ（A端とB端）を相手に持ってもらいます(⑤)。
XとX′のにせの端を右手の中に握り込んで(⑥)、相手にひもの両端をひっぱってもらいます。この時、おまじないをしているようなふりで、右手を右、左に動かしてXとXのよじりをぴーんとのばしましょう。

右手をあけると、アレアレ、ひもはもとどおりの一本です(⑦)。

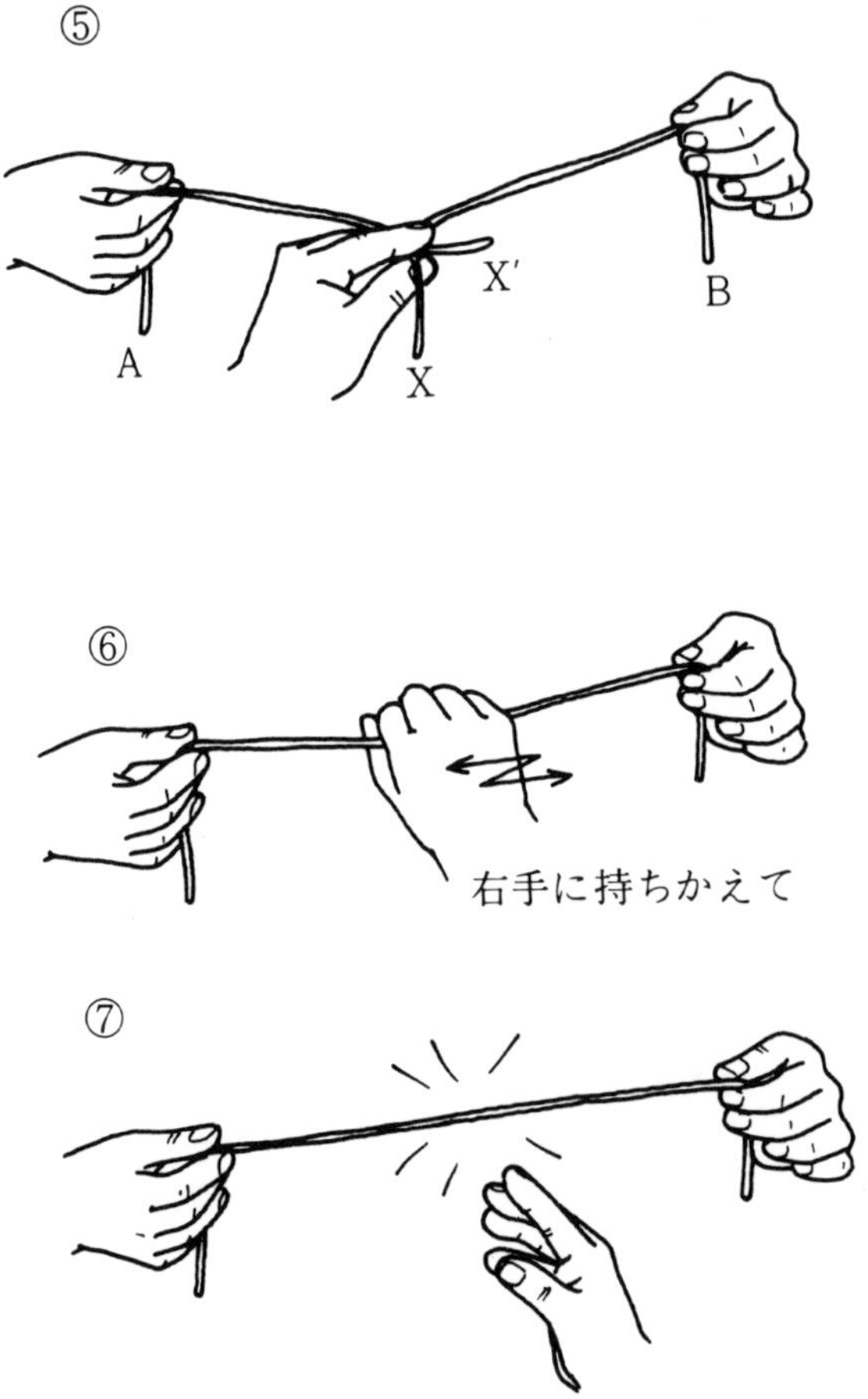

49　吸いついたマッチ箱

仲のよい二人を無理に引きはなそうとするのはやぼというもので、絶対に三角関係にはなりません。

二人の仲むつまじいのには終始あてられっぱなしで、引きはなし役がばからしくなってきますよ。

用意するもの　マッチ棒の入ったマッチ箱を二個

準備　マッチ棒の頭のところを折り取り、①のようにマッチ箱の裏側に差し込んで、二つのマッチ箱をくっつけておきます(②)。

演じ方　二個のマッチ箱をいっしょに持って右手の上に置きます(③)。

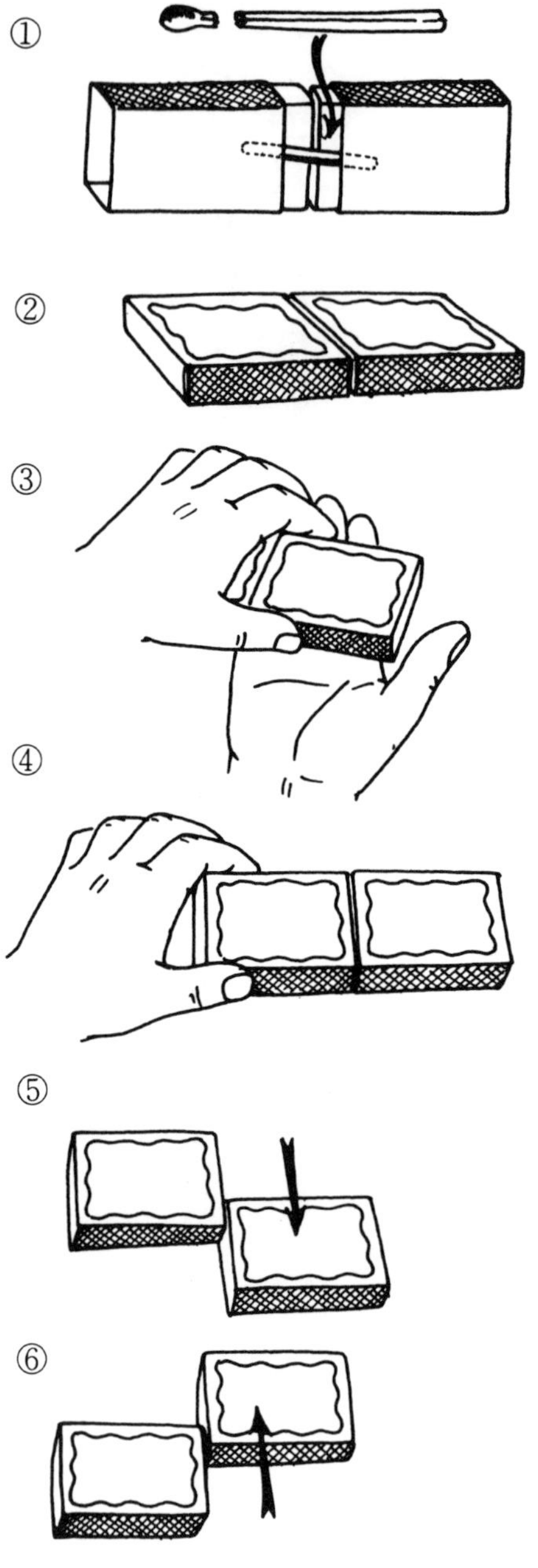

左手で一方のマッチ箱を持って静かに持ち上げますと、おやおや？
もうひとつのマッチ箱がくっついてきますよ(④)。
くっついているマッチ箱を下にずらしても(⑤)、上にずらしても(⑥)、
二個はぴったりとくっついたままですよ。

⑦

⑧

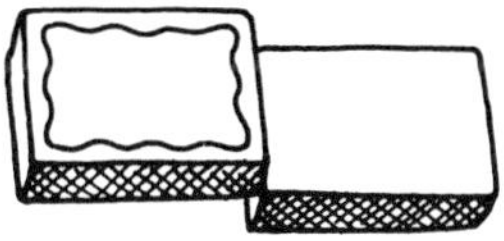

⑨

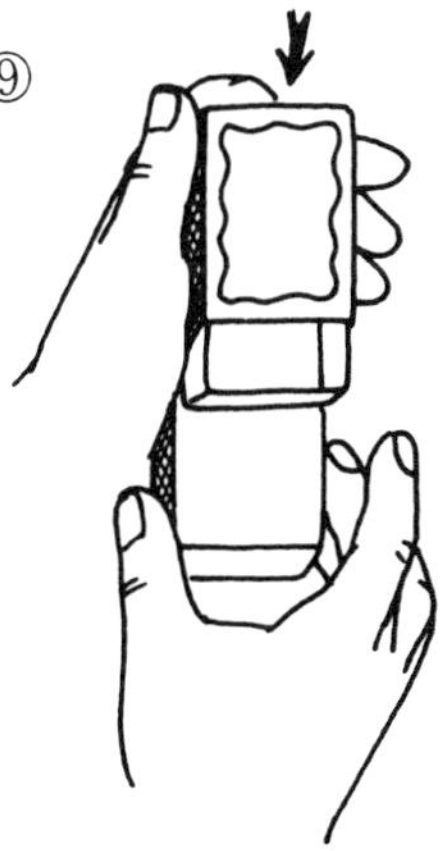

一方のマッチ箱をくるっと回転させて（⑦の矢印の方向にまわします）端と端とでもくっついていることを見せてから（⑧）、二個のマッチ箱を両手で持ちます。

上にあるマッチ箱の中箱を押し出して、中に磁石などの入っていないことを示します（⑨）。この中箱のかげで、二個のマッチ箱を離し、タネのマッチの軸を箱の中に押し込んでしまいましょう。

50 燃えた十円玉

十円玉を①のように紙に包みます。

この紙包みを灰皿に入れて火をつけます。中の十円玉は、あとかたもなく燃えてしまうのです。

常識では考えられないことが、手品の世界では考えられるのですから不思議ですね。

用意するもの　一辺十二センチメートルの正方形に切った半紙一枚、マッチ、灰皿

演じ方　これは①のように、十円玉をしっかりと紙に包んだと見せて、実はその包み方が問題なのです。

紙の上に十円玉をおきます（②）。まず上端の紙を三分の一くらい手前に折ったら（③）、④⑤と両端を折ります。最後に、⑥の矢印のように、下端を向こう側へはね上げるように折っ

②

③

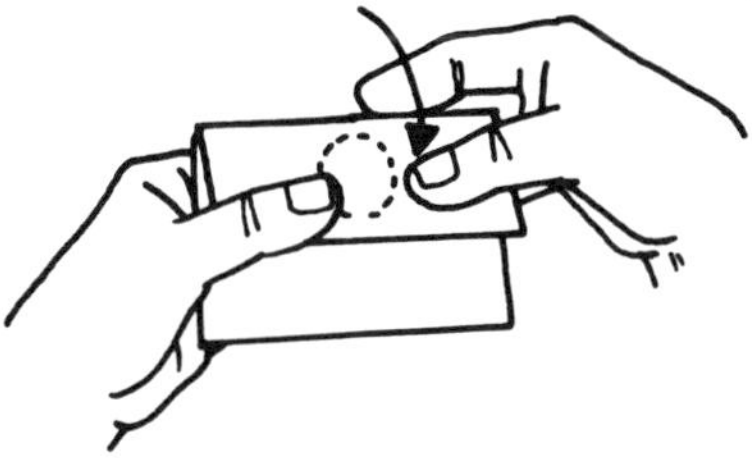

④

⑤

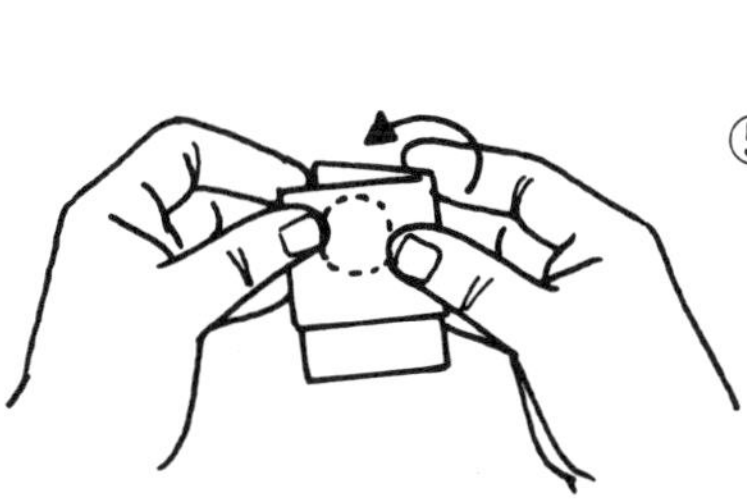

⑥

⑦

⑧

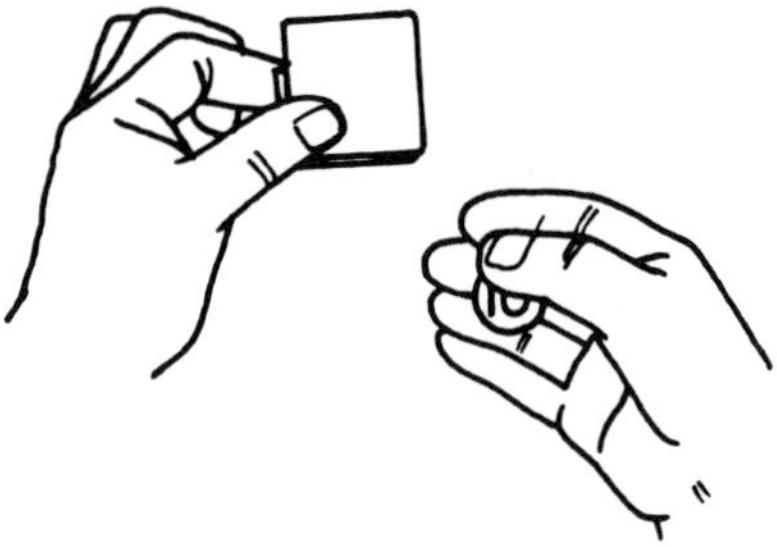

て、紙包みを右手で持ちます。

十円玉をしっかりと紙に包んだようにみえますが、実は⑦のように十円玉の出口があいているのです。思いやりがあるでしょ。

そこで、紙包みから十円玉をすべり落として右手でかくして持ち、紙包みを左手にとります（⑧）。右手をポケットに入れて十円玉を落とすと同時に、かわりにマッチを取り出します。

これこそ火事から身を守る方法ですね。

あとは紙包みを燃やすだけです。

※火の取り扱いには、くれぐれもご注意ください。

51 成長する絵

植木鉢の新芽にサインをするだけです。すくすくと育って、きれいな花になります。水も肥料もご無用。

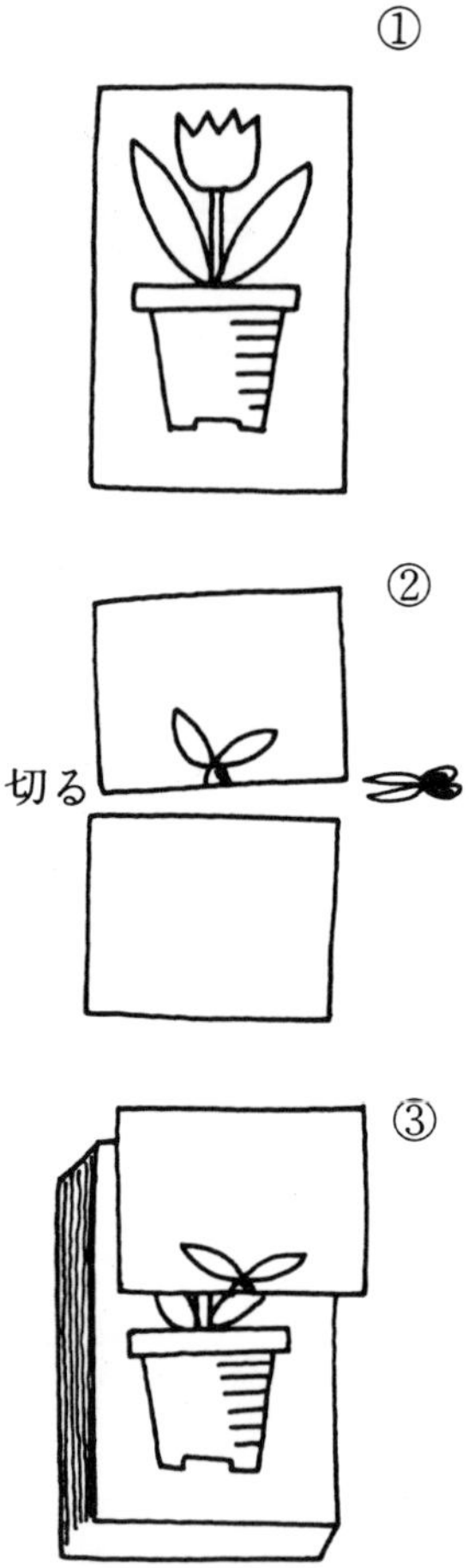

下準備が楽しい手づくりの手品です。あなたのアイデアを生かしていろいろな図案を描いて味わってみてください。

用意するもの　画用紙、色えんぴつ、輪ゴム、はさみ

下準備　画用紙を切って、名刺大のカードを二〇枚つくります（名刺の裏を利用してもけっこう）

そのうち六枚のカードに、植木鉢に咲いている花の絵を描きます。この時に、植木鉢のふちがちょうどカードの中央になるように描いてください（①）。

次に、カードの一枚を半分に切って、二葉の芽の絵を描きます(②)。

花の咲いているカードを六枚そろえて、その上に芽の絵の半分のカードを重ねて(③)、幅の広い輪ゴムをかけます。輪ゴムは④のように、半分のカードの切れ目に合わせてかけてください。

このようにすれば、植木鉢から新芽のふいている絵のカードが、二〇枚くらい輪ゴムで束ねてあるように見えるでしょ。

④

⑤

⑥

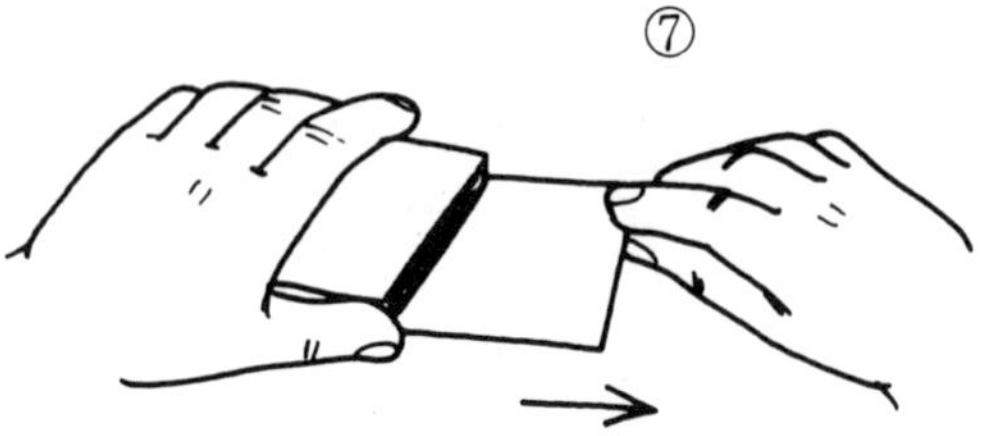

演じ方　④のように準備した束のカードをよく見せてから、植木鉢の絵の中に名前をサインしてもらいます(⑤)。「それでは、裏にもサインをしてください」といってカードの束を左手に持ち、半分のカードのある方を手前にします。そして⑥のように、右手の人差し指で植木鉢の側のカードを持ち上げます。

カード全体を裏返しながらそのカードを抜き出して(⑦)、裏向きのままテーブルに置きます。

裏にも名前をサインしてもらったら、カードは裏向きのままで、カードの上をパチン！　と指ではじきます。

カードを表向きにして、植木鉢に注目してもらいましょう。きれいな花が咲いているでしょ。あっという間に成長したことがわかりますね。

最後に、表と裏のサインも確認してもらいましょう。

52　選んだカード

三枚の紙にそれぞれ1、2、3、と数字がかかれています。

この三つの数字の中で、相手の選ぶ数字がズバリと予言されているという、超能力手品です。

用意するもの　画用紙（名刺大に切る）、マジック、はさみ、マッチ箱、封筒

下準備　準備がきちんとしてあれば、だれでも百発百中の超能力が持てます。

名刺くらいの三枚の紙に1、2、3、とそれぞれ数字をかき、2のカードの裏面だけには〝君は2をえらぶ〟とかいておきます（①）。

次に、マッチ箱に入るくらいの大きさの紙に〝君は1をえらぶ〟とかいて、これをマッチ箱に入れておきます（②）。

このほかに封筒を一枚用意し、この中に〝君は3をえらぶ〟とかいた紙をしまっておきま

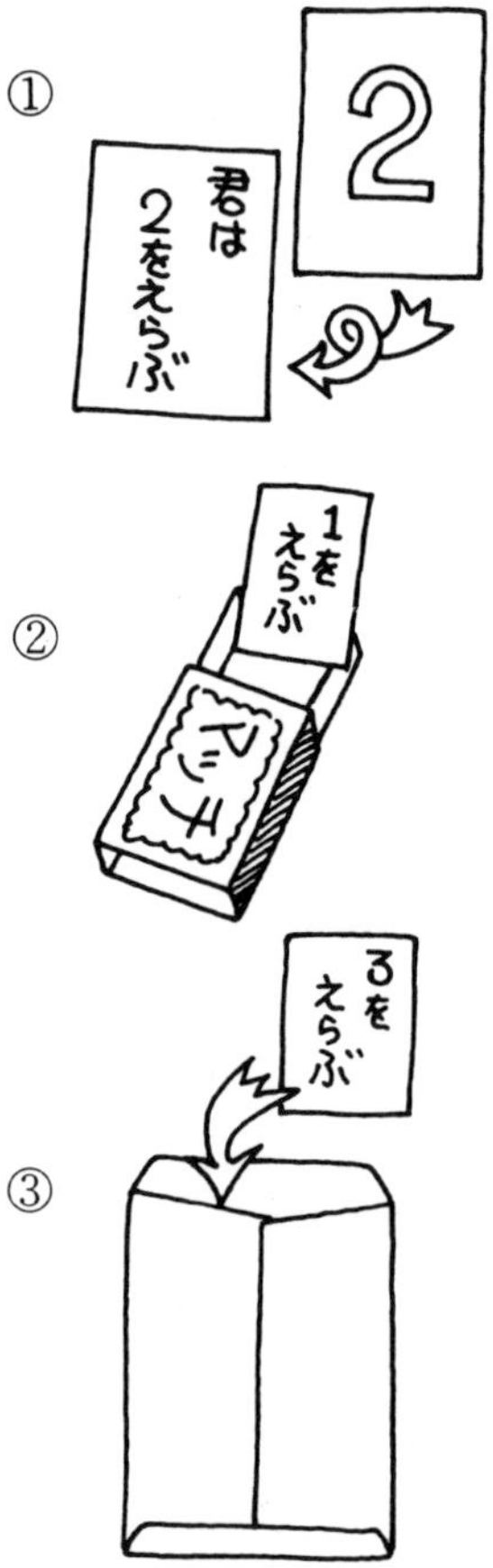

す（③）。
そして、この封筒の中に、②でつくったマッチ箱を入れて準備完了です。

演じ方　封筒から、三枚の数字のカードとマッチ箱を取り出します（この時〝3をえらぶ〟とかいてあるカードは封筒の中に残しておく）。

封筒をテーブルのわきに置いてから、1、2、3の順で三枚のカードを表向きに並べます（④）。

相手にマッチ箱を渡して「君の好きな数字のカードの上に、そのマッチ箱をのせてください」と頼みます。

いよいよ超能力を発揮する時です。

例えば、相手が1のカードの上にマッチ箱を置いたとします（⑤）。この時は「そのマッチ箱をあけて予言をみてください」と言って当てます。

次にマッチ箱を2のカードの上に置いた時は「そのカードをひっくり返してください」といえば、カードの裏に〝君は2をえらぶ〟とあるのでズバリ当たった

④

⑤

ことになりますね。

3のカードの上に置いた時には、封筒を相手に渡して「その封筒の中の予言をみてください」というのです。

このように、どのカードが選ばれたとしても、予言は的中というわけです。

幼児を相手にやる時は、数字のかわりに動植物などの絵を描いて楽しんでみてください。

53 カードの予言

「あなたの将来がピタッと予言されています」といわれるとゾッとする人もでてくるでしょうね。今からやるのは大それたことではありませんが、あなたの選ぶ絵（またはマーク）があらかじめ予言されているという気楽に楽しむ超能力手品です。

用意するもの　名刺または名刺大に切った画用紙四枚、マッチ棒七本

演じ方　四枚の紙に、それぞれ形の違う絵かマークをかいておきます。例えば①のように○、☆△、×とかきます。その場でかくか相手にかいてもらうのも手品に親しみがあってよいです。

「四枚にいろいろな絵をかきました。この中の一つだけをメモしておきましょう」と言って、②の

ように、四枚を少しずつ重ねてテーブルに並べます。

そして上から三枚目のマークをメモ用紙にかいて(③)、相手に見せないように、小さく折りたたんで、テーブルに置きます。

いよいよあなたの腕のみせどころ、「ここに七本のマッチ棒があります。あなたの好きなだけマッチ棒を取り出してください」と頼みます。

相手の取り出すマッチ棒の本数によって、次のように操作すれば大成功まちがいなしです。

〈1〉　七本全部取り出したとき

四枚をそのまま表向きで取り上げながら「あなたの取り出したマッチ棒の本数と同じ枚数目の紙を選びます」といって一枚、二枚……と数えながら、上から一枚ずつ下に回していき、ちょうど七枚目の紙を取り出してテーブルに置きます。

〈2〉　六本取り出したとき

①

②

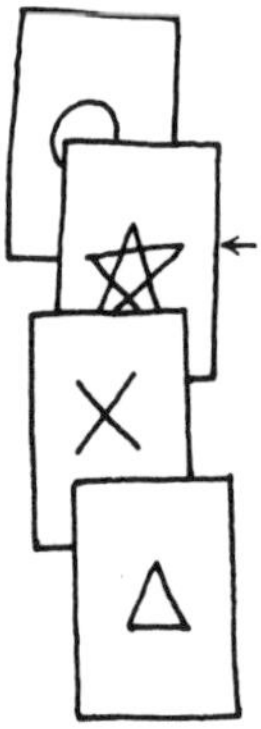

上から三枚目のマークをメモに書く。

③

←メモ

四枚を取り上げて、全体をひっくり返して裏向きにしてから、〈1〉と同じように、一枚ずつ上から下に回しながら枚数を数え、六枚目の紙をテーブルに出します。
〈3〉　五本取り出したとき（二本残り）
「マッチ箱に残っている本数と同じ枚数の紙を選び出しましょう」といって、四枚の紙を裏向きにして、上から二枚目の紙をテーブルに出します。
〈4〉　四本取り出したとき（三本残り）
四枚を表向きのまま取り上げて、上から三枚目の紙をテーブルに出します。
〈5〉　三本取り出したとき（四本残り）
「マッチ箱に残っている本数と同じ枚数目の紙を選びましょう」といって、〈4〉の四本取り出したときと同じようにして紙を選びます。
〈6〉　二本取り出したとき（五本残り）
残りの本数を数えて、〈3〉の五本取り出したときと同じやり方で紙を選びます。
〈7〉　一本取り出したとき（六本残り）
残りの本数を数えて、〈2〉の六本取り出したときと同じやり方で紙を選びます。
七通りのやり方を覚えておけばよいわけです。そしてどんな場合でも、選ばれる紙はメモに予言しておいた上から三枚目の紙ですから、おもむろに予言の紙を開いてみせます。

54　液体の芸術

青のインキを入れたコップに白い紙片をドボンと入れれば、当然紙片は青く染まります。それなのにハンカチをコップにかぶせて「エイッ」と気合いをかけると、コップに入った青のインキは、たちまち無色透明の水に早変わり。

こうすれば、節水でお困りの方もふんだんに水が使えますよ。

用意するもの　コップ、水、青い布地、釣り糸、細長い紙片、ハンカチ、青のマジック

準備　青い布地を、コップに入るぐらいに巻いて輪にし、釣り糸を両端にとめます(①)。釣り糸を飲み口にかけるようにして、青い布をコップの中に入れます。

青い布を入れた深さすれすれまで水を入れます。

紙片の裏面には、下半分を青のマジックで色をぬっておきます(②)。

演じ方 色のついていない側の紙片を観客の方に向けて、コップの中に差し込んで取り出すときに、紙片をくるっとまわして、観客の方に色のついた裏面をみせて出します(③)。確かに紙片は青く染まっていますね。この場合、青色の部分が全部水でぬれるように、じょうずに差し込むことが大切です。

次が見せどころ。ハンカチをコップにかぶせたら、釣り糸をつまむようにして青い布を引っぱり出し、ハンカチといっしょに持ちます。

エイッ! の気合いと同時にハンカチをコップから払いのけると(④)、透明な水がコップに残っているという仕掛けです。

青い布がハンカチからのぞかないように、大きなハンカチを使うと安心です。

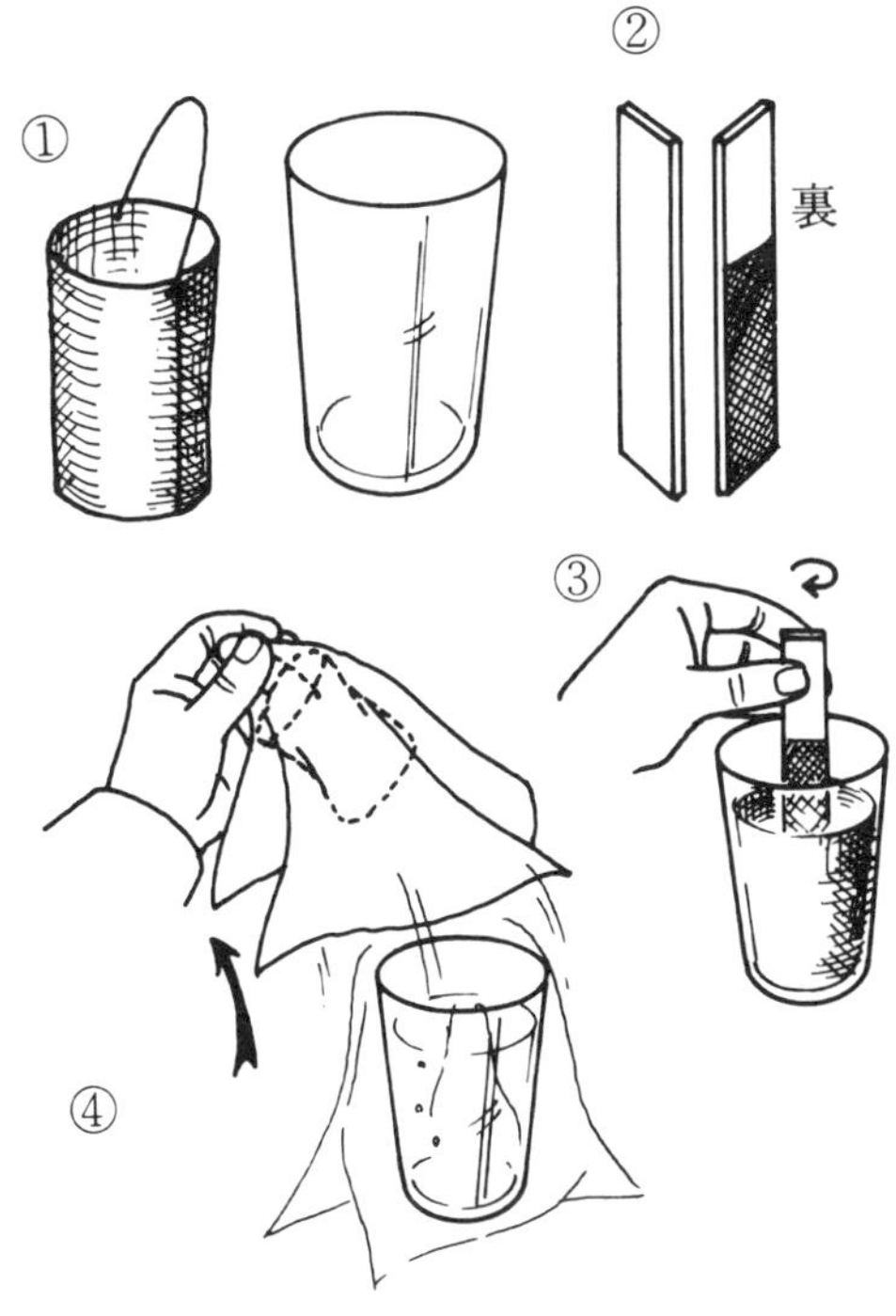

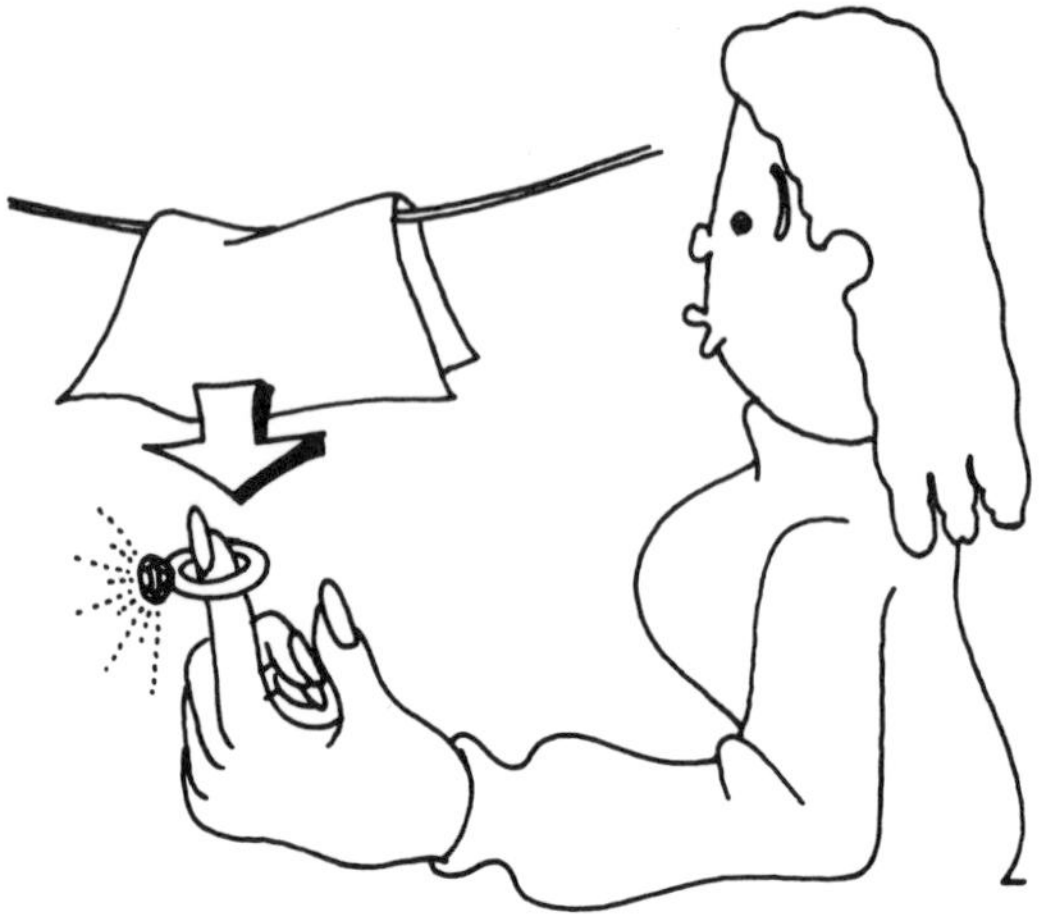

55　リングの通過

カーテンリングをひもに通します。上からハンカチをかけて、ちょっとおまじない。

ハンカチをとると、先ほどひもに通したリングがひもにからみついているのです。

早速このリングを相手に引いてもらうと、あれれれれっ！　リングがひもを通り抜けて、スッポリと取れてしまいます。一度ならず二度びっくりします。

用意するもの　カーテンリング二個（指輪のような小さな輪）、ハンカチ一枚、ひも

演じ方　予備のカーテンリングをハンカチといっしょにポケットにしまっておきます。

ひもにリングを通して、両端を相手に持ってもらいます（①）。

ポケットからハンカチを取り出して――このとき、予備のリングを手の中にかくし持ちます――ひもにかけます(②)。

①

②
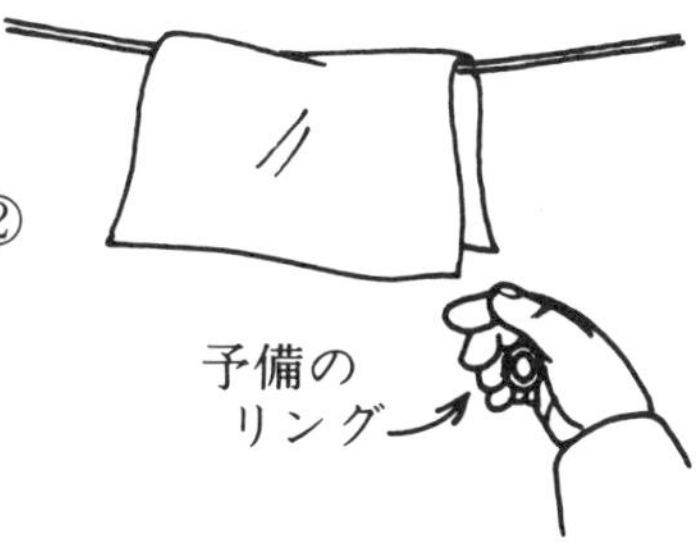

両手をハンカチの中に入れ、ハンカチのかげでつぎのことを行ないます。ひもに通っているリングを、まず左手でしっかりと握ります(③)。そして、かくし持った予備のリングを④のようにし

③
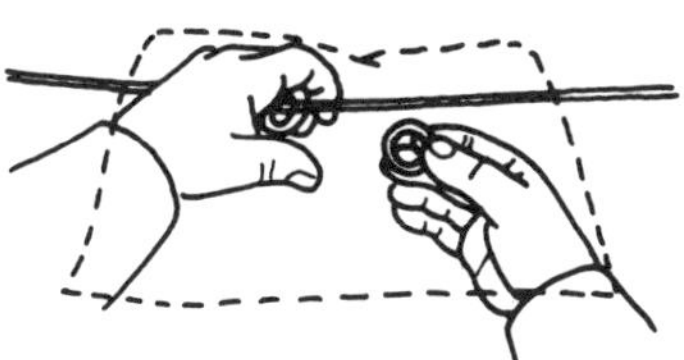

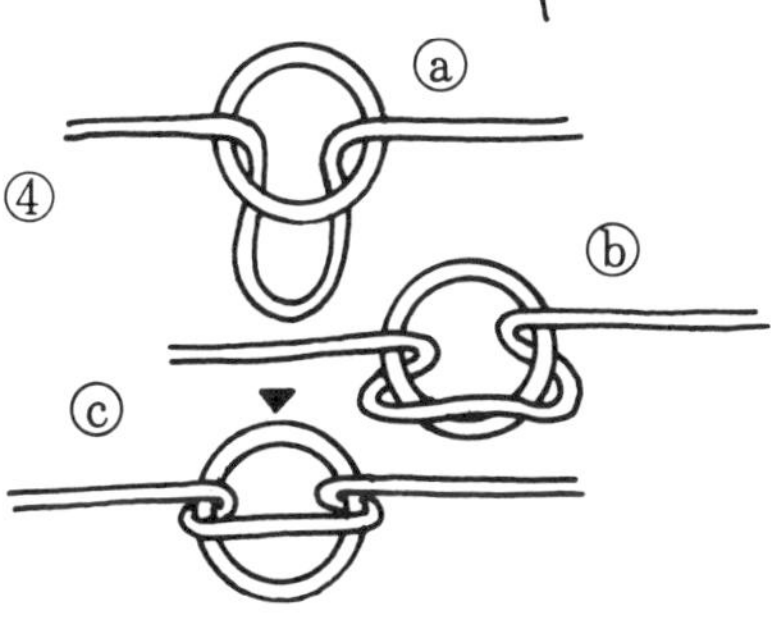

⑤

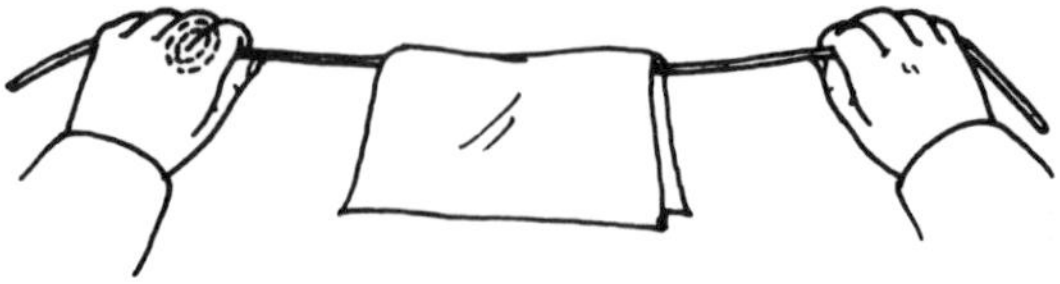

⑥

て、ひもの真ん中にからませます。

両手を左右に引いて（左手はリングを握ったままです）、ひもの両側をしっかりと持ち、ひもをピーンと張ります（⑤）。こうしておいてから、相手にハンカチを取ってもらいます。

ひもの真ん中にからまっているリング（予備のリング）を持ってもらい（⑥—④の▼印の方を持ってもらいます）、ひもをゆっくりと引いて、リングからひもをはずします（⑦）。

ひもを右手に取って、ハンカチといっしょに相手に渡し、しらべてもらいます。

※　リングを持ってもらうときは、必ず④の▼印の方を持ってもらいます。まちがって反対側を持たれると、⑧のように、ひもがからまってリングがはずれなくなってしまいますから気をつけてください。

⑦

⑧

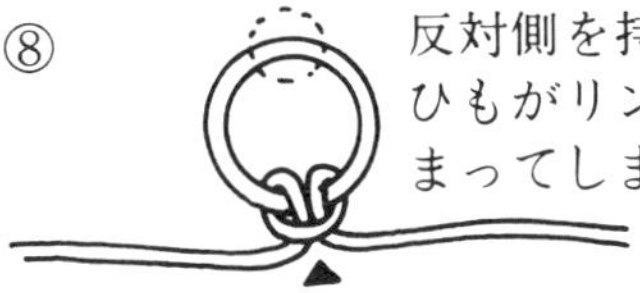

反対側を持たれると
ひもがリングにから
まってしまう。

56　卵を生むハンカチ

ハンカチが卵を生む。まるでメルヘンの世界へ引きずり込まれていくような手品です。

下準備　生卵の端に小さな穴をあけて、中身を全部吸い出してしまいます。

中身のなくなったからの卵の端に、釣り糸をセロテープでしっかりと止めます（①）。

①

紳士用の大型のハンカチのふちに、卵をつけた釣り糸のもう一方の端を縫いつけます(②)。糸の長さは、吊られた卵がハンカチの真ん中よりやや下にくるくらいにします。

以上のように準備したハンカチと卵を、四つに折りたたんで机の上に置いておきます(③)。できるだけふんわりとたたんでください。

演じ方　「あなたの帽子をかしてください」といって、帽子を持っている人に借りて、帽

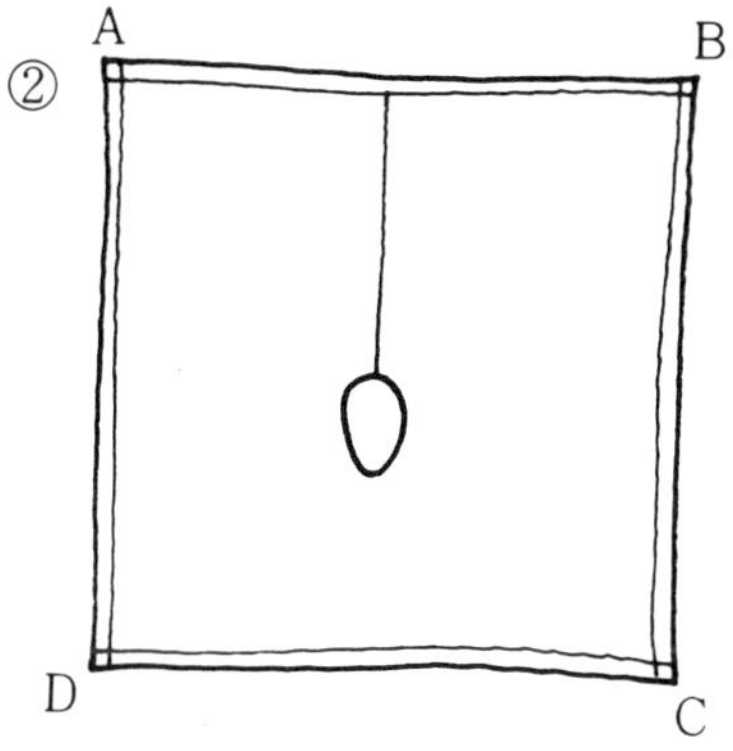

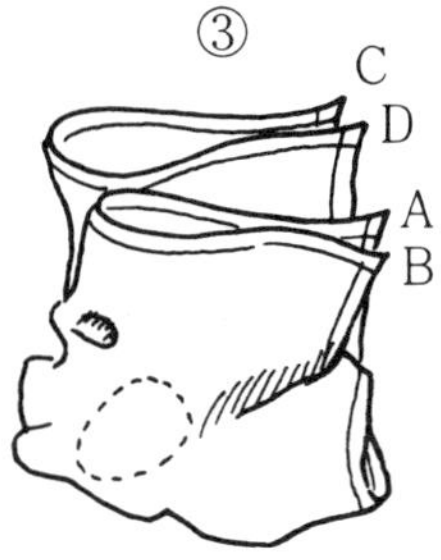

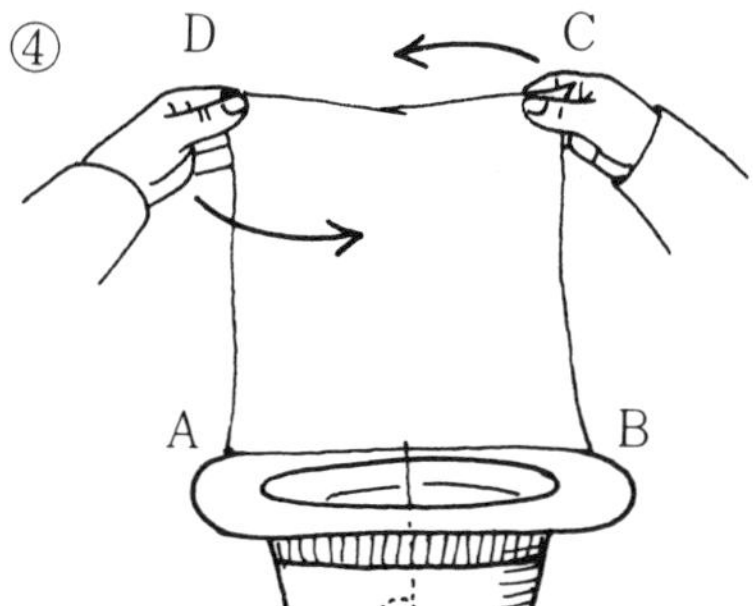

裏と表をあらためます

子を机の上に置きます。帽子を持っている人がいなかったら、自分の帽子を使いましょう。

机の上のハンカチを何気なく取って、帽子の中に入れます。すぐにCとDの端を両手で持ってハンカチをひろげながら持ち上げ(④)、裏表を見せて何もないことを示します。

両手に持っている端（CとD）を向こう側にして、ハンカチを帽子の上にふんわりとかぶせます(⑤)。

今度は、ハンカチのAとBの端を両手で持ち、手前に合わせて持ち上げます(⑥)。

⑤
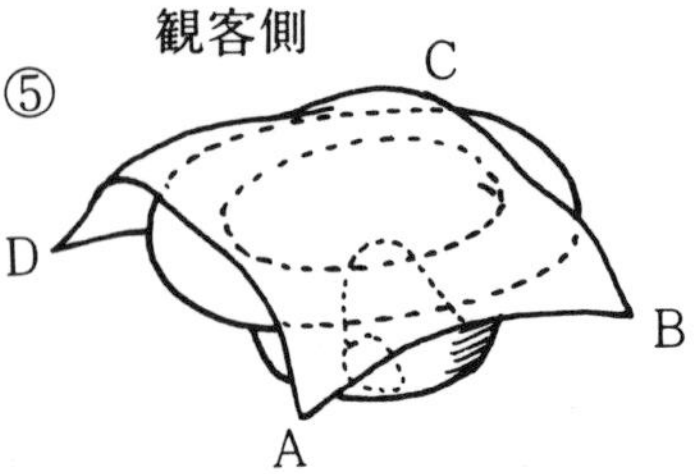

⑥
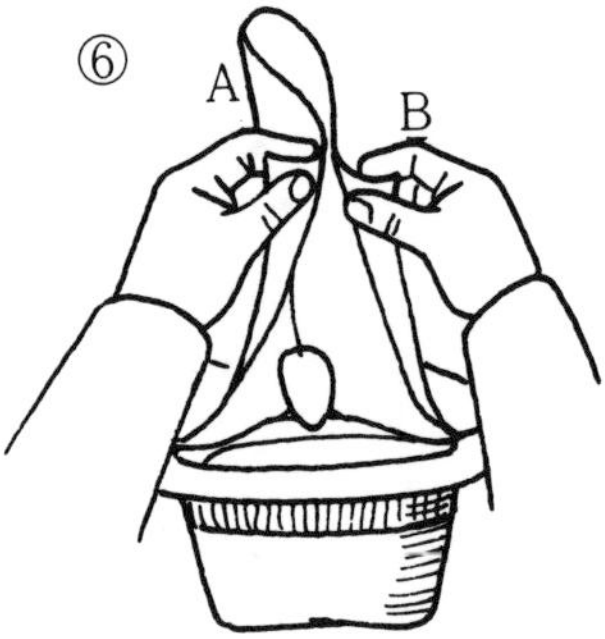

⑦
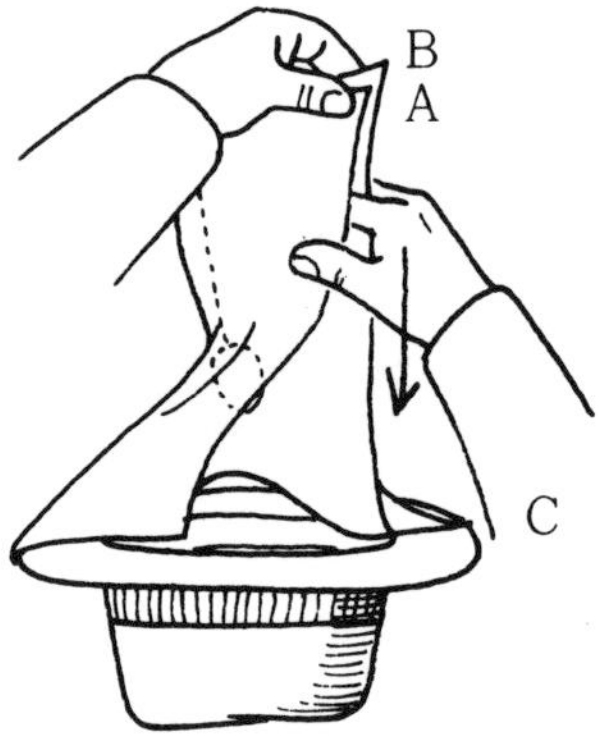

合わせたAとBの端を左手でつまみます。右手でハンカチをしごくようにしてハンカチを半分に折って⑦、CとDの端を持ち上げます⑧。

「ココココ、コケッコ」とにわとりの鳴き声をまねながら、右手のCとDの端を高くあげ、左手のAとBの端を下げますと、ハンカチの中から卵がポトリと落ちます⑨。

このとき、糸の長さを忘れて、ハンカチを高く上げすぎていると、卵がぶら下がってしまいますからご注意。

右手に持っているCとDの端を両手に持ってハンカチをひろげ、⑤と同じように帽子にかぶせます。

同じようにして、ハンカチの中から何個でも卵をとり出すことができます。

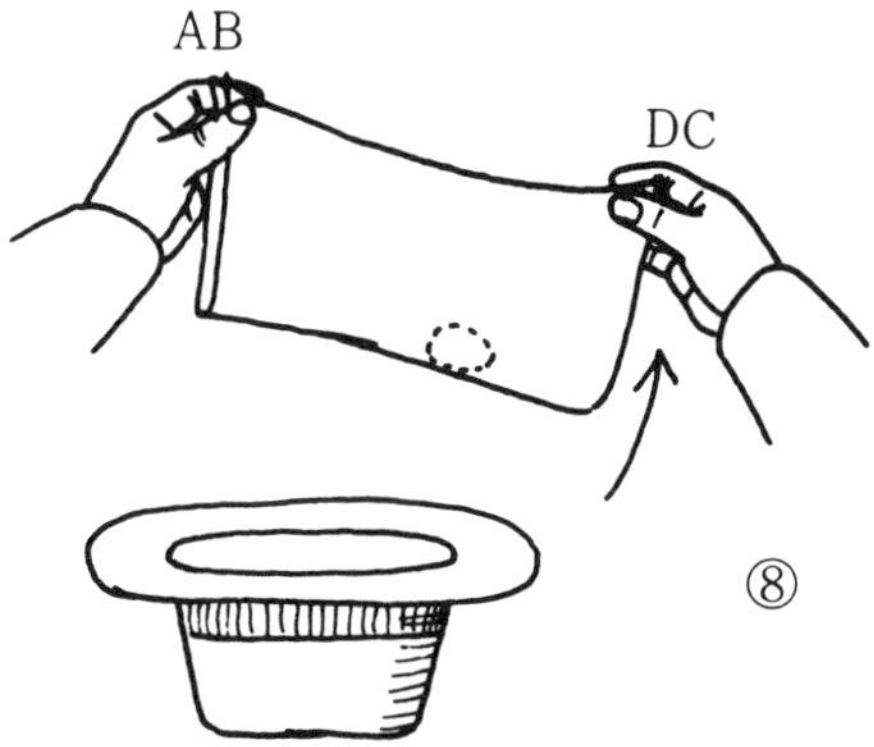

⑧

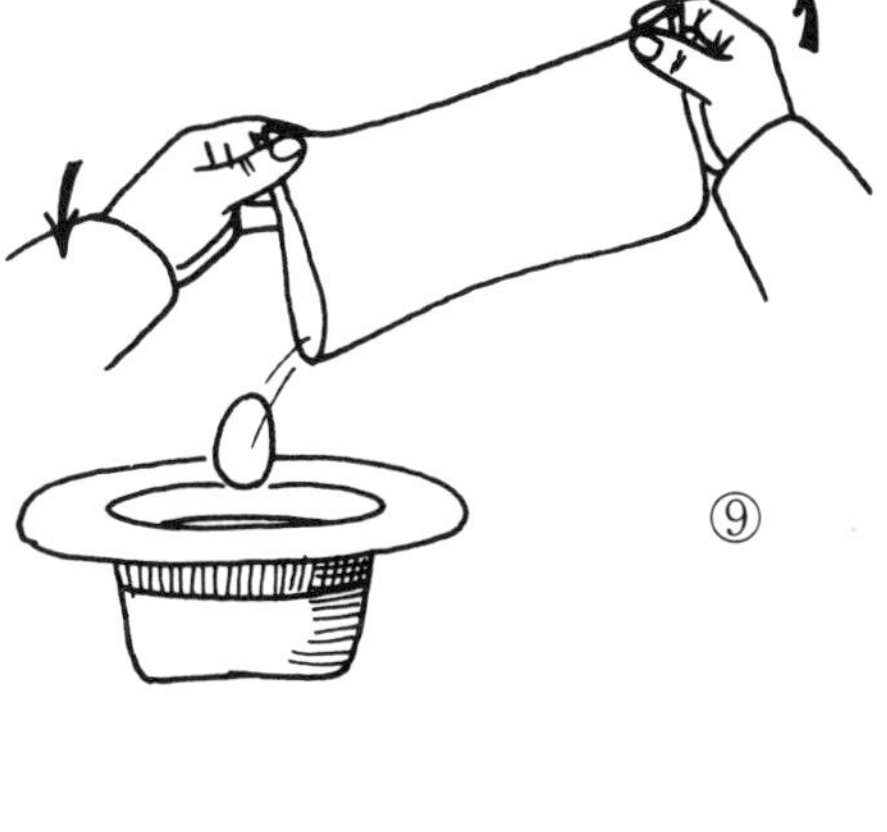
⑨

57　ロープから逃亡

大魔術をご覧ください。「この洋服はあなたによくお似合いですね。貸してくださ い」と借りた洋服の両袖に二本のロープを通して、がっちりとしばります。

貸した人は何をされるのかとハラハラするでしょうね。

ワン・ツー・スリー！　号令をかけると、洋服がスルー！　とロープから脱出。「この洋服、やっぱりあなただけにしか似合わないのでお返ししましょう。」

用意するもの　二メートルくらいの柔らかいロープ二本、扇子一本

演じ方　二本のロープを扇子の真ん中

にかけます(①)。

扇子と二本のロープを左手で持ちます。②のように、ロープとロープの間に中指をさし込んで、二本のロープを区別して持ってください。

右手で手前のロープを持ってしごき(③)、このロープを

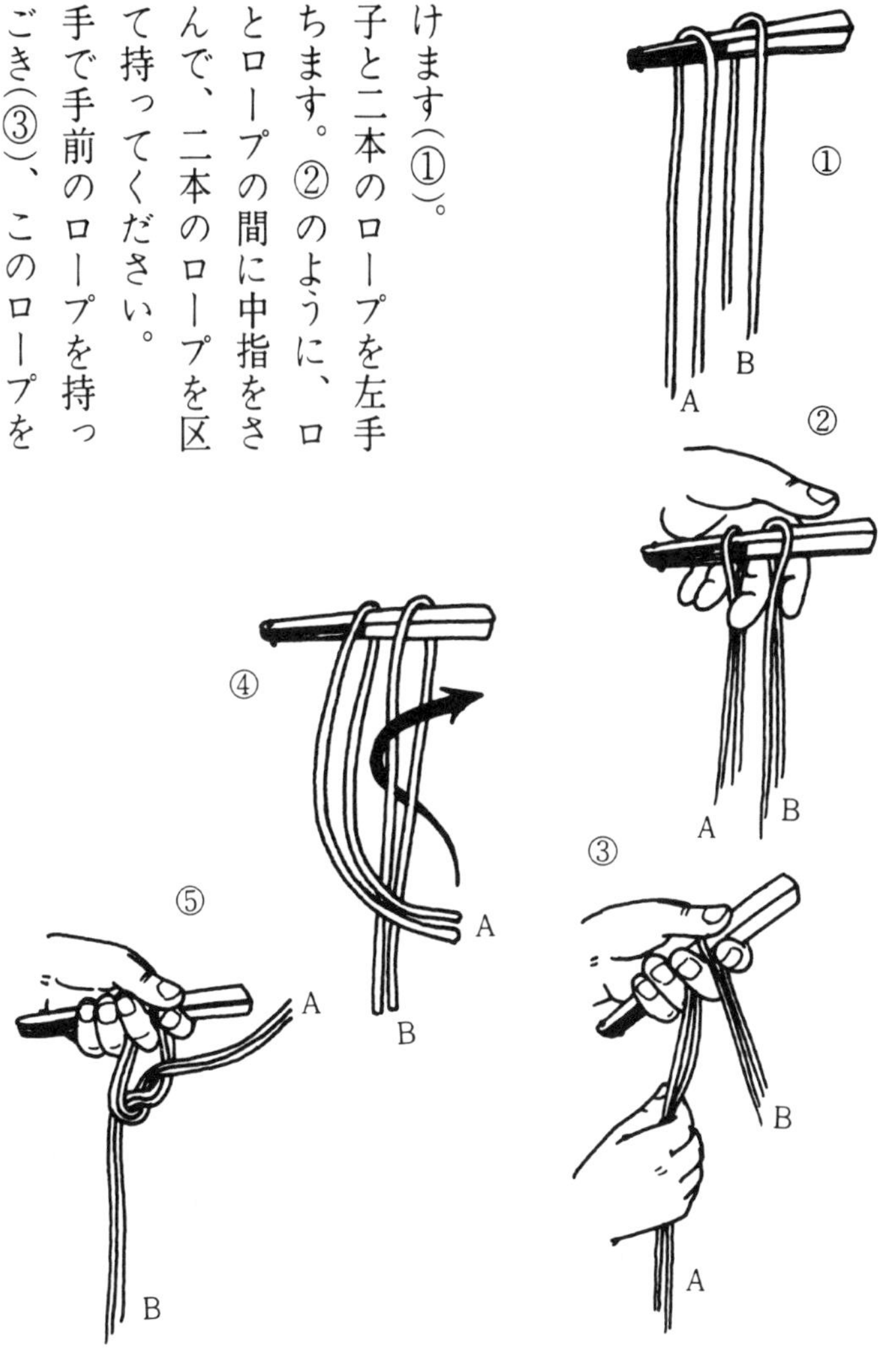

⑥

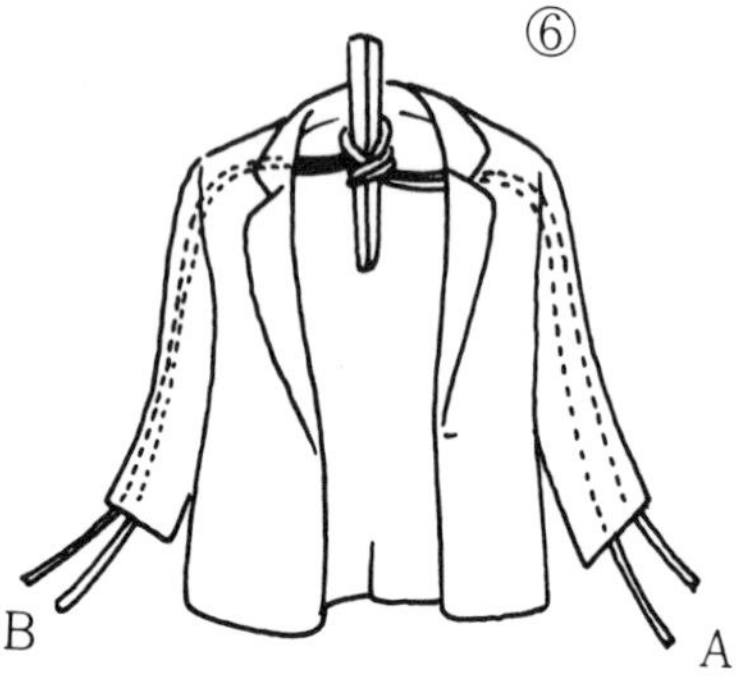

④の矢印のようにもう一方のロープにくぐらせて結びます（⑤）。
ロープの両端を洋服の両袖に通します（⑥）。ここで二人に出てもらって、両側から二本のロープをそれぞれ持ってもらいます。

両側のひもから一本ずつ取って、一回結んでから（⑦）、二人にまた持ってもらいます（⑧）。
左手で洋服の衿のところと扇子に結んだ二本のロープを持ち、右手で扇子をロープから引き抜いて取ります（⑨）。

⑦

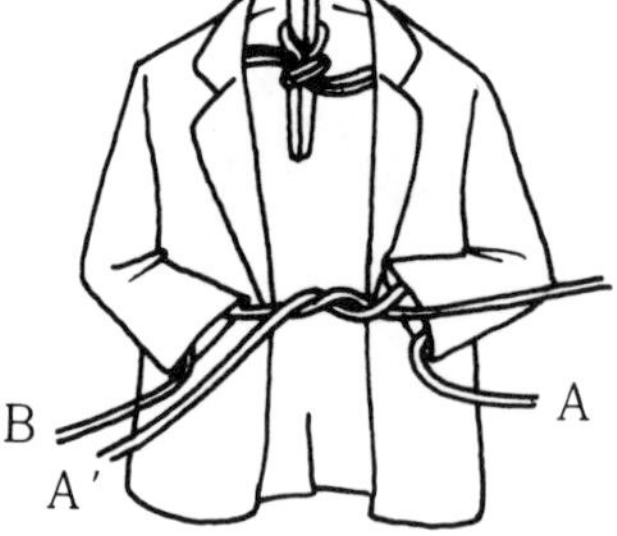

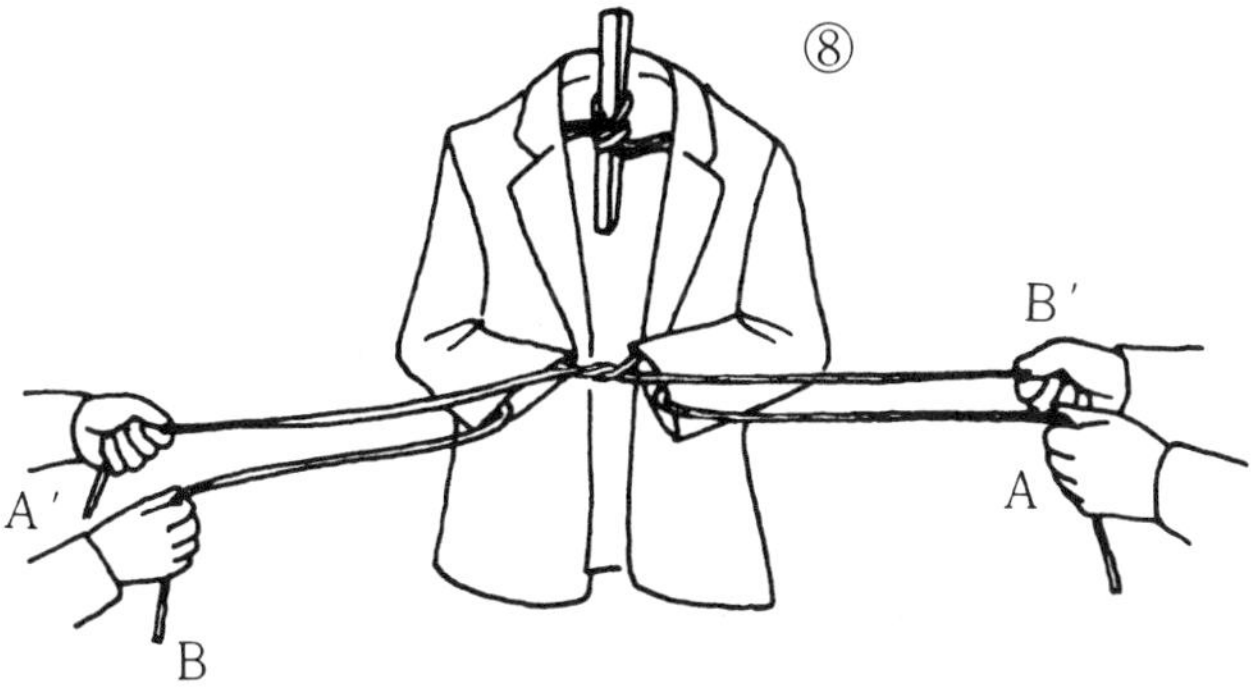

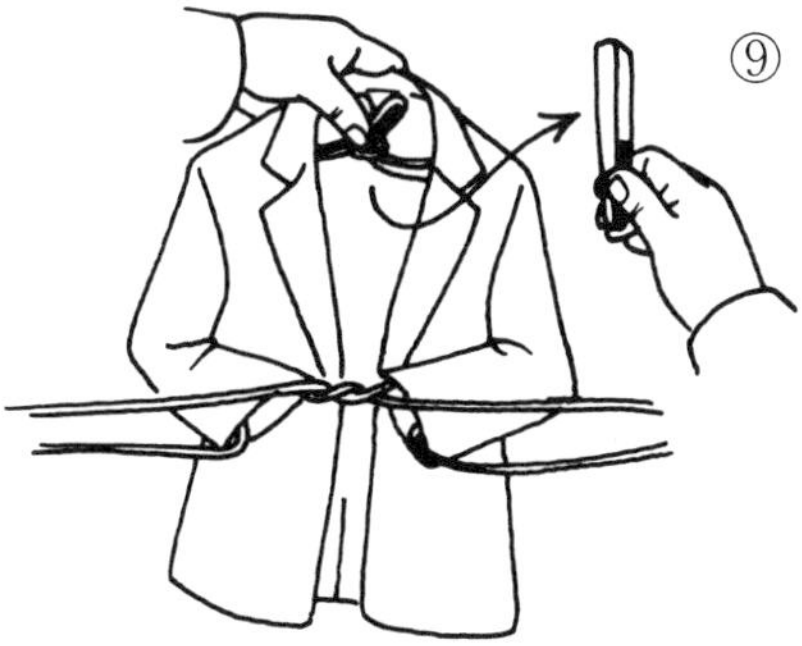

「ワン・ツー・スリーと号令をかけますから、スリーといったときにそのロープを引っぱってください」と二人に頼みます。

扇子を片手で開き、洋服をあおぎながら号令をかけます。そして「スリー」のときに左手に持っているロープをはなして、洋服だけ持って一歩後ろにさがり、洋服がロープを通り抜けたことを見せて終わります(⑩)。

E

二十一世紀の手品

58　数字の入れかえ

表示のところに　１３１３１３１３　と出るように指で押してください。呪文をとなえて ＝ をポンと指で押すと　３１３１３１３１　と数字がひっくり返ってしまいます。

もし天と地が，こんなにも簡単にひっくり返るとしたら，あなたはどうしますか!?

準備　表示のところに　１８１８１８１８　と押したら，＋ を押します。次に　１３１３１３１３　を押して準備完了です。

＝ を押さないでおくと，表示は①のままです。

演じ方　準備した電卓を相手の前に出して「ここに　１３１３１３１３　と数字が並んでいますね。この数字を魔法の力で　３１３１３１３１　と逆にしてごらんにいれましょう。」

①

②

早速，あなたは「アブラカダブラ，アブラカダブラ」と呪文をとなえながら ＝ を押します(②)。たちまち数字は３１３１３１３１　とひっくり返りました(③)。

③

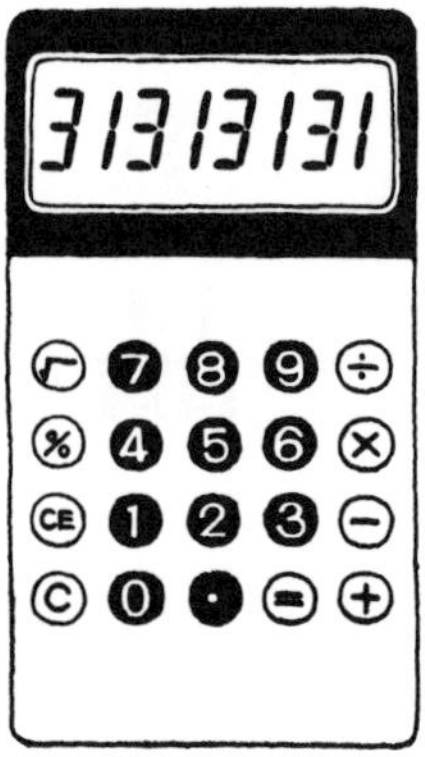

この手品は，

１８１８１８１８＋１３１３１３１３＝３１３１３１３１

となるのを利用したものです。おわかりかな？

59　同じ数の整列

あなたのご希望の数字を，今すぐにでも一列に並ばせてみましょう。

一声で勢ぞろいするなんて，大勢を並ばせるのにひと苦労したことのある方は，きっとうらやましく思うことでしょう。

準備　電卓に　１２３４５６７．９　を入れます。この時　８　が抜けていることに注意してください。つまり　８　のかわりに ⊡ を入れるのです。

演じ方　相手に　１２３４５６７．９　の表示を見せて，１から９までのうちの好きな数字をいってもらいましょう。

相手が好きな数字を，例えば「４」と答えたとします。

そしたら，早速この数字を暗算で９倍（４×９＝36）します。

暗　算
４×９＝３６

答えである「36」を前に入れた　１２３４５６７．９　の数字に掛け ＝ を押します。

×36＝

すると，表示はたちまち相手の希望した数字「４」が　４４４４４４４４　ときれいに並びます。

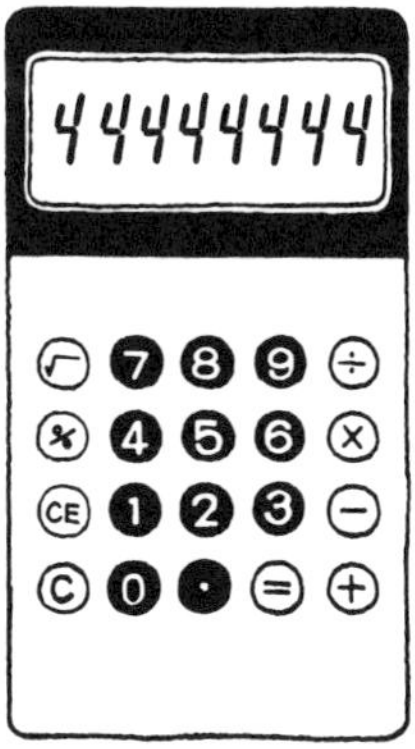

※　これは電卓の検査に使います。

これをやって数字が並ぶことで計算機能をチェックします。

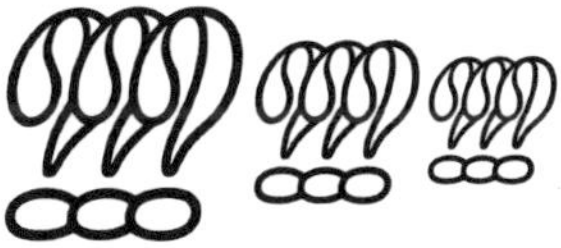

60　2つの数の予言

あなたの思った2つの数を，百発百中予言します。

あなたの動く指先を，電卓がレントゲンのように透かして見抜くのですよ!?

演じ方　相手に1けたの数を2つ，心の中で思ってもらいましょう（例えば，3と5にしましょう)。

これは動く指先がポイントですから，相手に電卓を渡して，数字を入れてもらうことにしましょう。

まず，最初の数〈3〉を入れてもらいます。　3

「それを5倍してください。」　×5

「次に3を加えます。」　+3

「そして2倍します。」　×2

「最後に2番目の数〈5〉を加え = を押して，答えを出してください。」　+5=

ここで電卓を相手から返してもらったら，こんどはあなたが操作します。

6を引いて = を押すと，2けたの数字が表示されます（35と表示されます)。　−6=

すると，表示の10位の数字が最初の数〈3〉で，1位の数字が2番目の数〈5〉になります。

61 トランプ当て

あなたが選んだトランプのマークと数をピッタリ当ててみましょう。

選んだトランプをだれにも見られないように，どんなに慎重にかくしても「私だけが知っている。」

演じ方 相手に電卓とトランプ一組を渡します。自分が後ろ向きになっている間に，相手にトランプを1枚だけ抜いてもらいます（ハートの5を抜いたとします）。そしていう通りに電卓に入れてもらいます。

「まず，そのトランプの数を2倍します。」 5×2

「つぎに 3 を加えます。」 ＋3

「こんどは5倍します。」 ×5

最後は，よく聞いてからあわてないで慎重に入れてもらいましょう。

「マークがダイヤ〈◆〉なら1，クラブ〈♣〉なら2，ハート〈♥〉なら3，スペード〈♠〉なら4，を加えて答えを出してください。」 ＋3＝
（この例の場合ハートだから，3を加えます）

相手から電卓をもらい自分で操作します。15 を引いて ＝ を押し答えを出してください。 −15＝

すると，表示の1位の数がマークになり，100位または10位の数がカードの数になります。（この例の場合，53の答えがでますが，1位は 3 だからハート，10位はカードの数で 5 になります）

最終の答えが43なら，ハートの4，121なら，ダイヤの12，という具合に，答えの数を見れば一目瞭然。ちょっとした暗号解読の手品です。

62　生まれ月と年齢

「あなたの生まれた月を当ててみましょう」と相手を安心させて月を当てると，いつしかあなたの年齢まで当たってしまいます。

年齢を明かしたくない人は，うっかり言葉にまどわされないようにくれぐれもご用心。

演じ方　相手に電卓を渡したら，見えないように次の計算をしてもらいましょう。

「まず生まれた月を入れます。」（仮に12月とします）　[1][2]

「つぎに10倍します。」　[×][1][0]

「そして 20 を加えます。」　[+][2][0]

「さらに10倍します。」　[×][1][0]

「そして 165 を加えます。」　[+][1][6][5]

「最後に年齢を加え（23歳とします），[=] を押して答えを出してください。」　[+][2][3][=]

これで相手の役目は終わり。

相手から電卓をもらい，365 を引いて答えを出します。　[−][3][6][5][=]

すると表示の1位と10位が年齢で，その前の数字が生まれた月になります。

これも数字を解読する手品で，908 なら9月生まれの8歳，1009なら10月生まれの9歳という具合です。

著 者 紹 介

三 宅 邦 夫

昭和22年３月中日こども会を創設。責任者として子どもの福祉と文化活動及び遊び（遊戯）の普及に努め，現在，中日こども会事務局（中日新聞社内）主事。

大 竹 和 美

株式会社大竹製作所代表取締役会長，名古屋アマチュア・マジシャンズ・クラブ会長，IBM（International Brotherhood of Magicians）終身会員。昭和56年５月30日，皇居吹上御所において夫人とともに奇術の天覧を賜る。

山 崎 治 美

中日こども会講師，遊びうた研究家。各地の乳幼児教室，家庭教育学級，保育技術の講習会，高齢者の集いなどで指導に活躍。

本文イラスト　小野坂東
中扉イラスト　中村美保
カバー・本扉イラスト　渡井しおり

楽《たの》しい手品《てじな》あそび62

2005年８月１日　初版発行
2007年１月１日　２刷発行

著　者　三《み》 宅《やけ》 邦《くに》 夫《お》
　　　　大《おお》 竹《たけ》 和《かず》 美《み》
　　　　山《やま》 崎《ざき》 治《はる》 美《み》
発行者　武 馬 久 仁 裕
印　刷　舟橋印刷株式会社
製　本　協栄製本工業株式会社

発 行 所　株式会社 黎《れい》 明《めい》 書《しょ》 房《ぼう》

〒460-0002　名古屋市中区丸の内3-6-27　EBSビル
☎052-962-3045　FAX 052-951-9065　振替・00880-1-59001
〒101-0051　東京連絡所・千代田区神田神保町1-32-2
南部ビル302号　☎03-3268-3470

落丁本・乱丁本はお取替します。　ISBN978-4-654-05944-7